子どもたちの問題 家族の力

内田良介
Uchida Ryōsuke

石風社

装画　黒田征太郎

まえがき

いくつかの偶然と様々な方々の厚意が重なり、私はこの本を書くことになった。

私が書きたかったものは、困難な成功事例の紹介でもなければ、児童相談所の機能の広報や相談援助技術の変遷を辿ることでもない。あるいは児童相談所を退職後に勤務したスクールカウンセラーの活動の一端の紹介でもない。ましてや子育てに役立つハウツー本とも違う。もちろんそういうものとして読んでもらってもかまわない。でも同じようなものは他にいくらでもあるに違いない。

私が書きたかったことの一つは、子どもの問題行動のなかに潜む不思議さである。ここで「問題行動」とは大人にとって困る子どもの行動と考えてもらえればいい。子育ての過程で子どもを問題行動なく育てることは不可能に近い。むしろ何一つ問題を起こさない子どもがいたら、それこそ最も深刻な問題なのではと思う。

その時に発せられる子どものサインを見逃さず、適切に応ずれば、それにかかわる大人たちは思ってもみなかった宝物を手にすることができる。即ち人生を生きなおすことが可能になるのだ。でもそれを無視したり、向き合うことから逃げ続ければ、事態はしばしば破滅的な結末となる。それは様々な少年事件の報道を見るまでもないだろう。

私はここでマニュアルやスキルを超えた大人の関わり方について書きたいと思った。

もう一つは子どもの問題行動に対する家族の関わり方についてである。いざという時に家族の力を発揮するための方法がある。どの家族もその家族にしかない秘密と可能性を持っている。それをうまく引き出せたときには問題は解決し、子どもたちは成長する。その逆もまた然りである。

ささやかな経験であるが、家族力を発揮するための大切なことを幾らかでもお伝えできればこれにすぎることはない。

私は某県の児童相談所に二十年ほど勤務し、更に現在は郷里の県の教育委員会に所属しスクールカウンセラーを十年近く続けている。

児童相談所は今でこそ児童虐待に関して、マスメディアに取り上げられることも増えた。児童福祉法に定められた各県や政令市に設置されている、〇歳から十八歳までの子どもの相談に応じる行政機関である。戦災孤児や浮浪児の収容から始まったその社会的役割は時代とともに変化を続けてきた。不登校と非行がケースワークの主流だった時代もある。最近では「発達障害」や「児童虐待」がクローズアップされている。現在では、平成十六年から児童相談の第一義的な機関となった市町村と連携しながら、虐待などの要保護児童（保護を要する子ども）の支援が中心となっている。しかしながら相談件数の半分以上にも及ぶ障害を持つ子どもと家族への支援については知らない人が多い。

私は問題を抱えた子どもたちとその家族に関わる中で、人生の大切なことの大半を学んできたような気がする。実は最初から高い志を持ってこの仕事を始めたわけではない。若い頃にはいろんなことを斜めから見る癖があり、特に相談を受ける行為に関しては、その中に欺瞞的な要素が含まれている気がしてならなかった。だから誰かに何かを相談することにも、誰かの悩みを聞くということにも縁遠い人間だった。また、子どもと接するのはどちらかというと苦手であった。そんな人間が児童相談所の職員になったのには幾つかの誤解と偶然が重なってのことだった。勤務したころは、不登校相談が増加し始めていたころだった。子どもの頃に学校が大嫌いだった私は、子どもたちの苦しみには自然に共感できた。子どもたちから（親にも言えない）本音を打ち明けられるたびに、自分の心の知らない何かが動き始めるのだった。また周囲には「この子には学校に行くことよりももっと大切なことがあります」などと親や先生に直言する先輩ケースワーカーもいた。新参者を一人前のケースワーカーに育てようとする環境も今よりは整っていた。相談技術の極意は恐らくは一対一の口伝によるしかない。そんなことがまだ可能な時代だった。そして子どもたちと触れ合う中で分かったことがあった。それは「大人は騙《だま》せても子どもは騙せない」という実感だった。

子どもたちはみんな不思議なアンテナを持っている。それは単なる職業として関わろうとする大人か、親身になって心配してくれる大人かを察知するアンテナである。またそれは諦めや停滞を本能的に拒否し変化や成長を感知するアンテナでもある。それらは子どもたちが社会や家庭内の弱者であることと深くつながっている。

むろん子どもを騙すことは現実には容易である。特に十歳未満の子どもには白を黒と言い含めることもできる。そしてそういう大人たちでこの世は溢れかえっている。

でも子どもたちをいくら巧妙に言い含めたとしても、子どもたち自身がそれを受け入れたとしても、そのアンテナは無意識の底で「ちがう」と囁くのだ。子どもはそれを意識することも言葉で言いあらわすこともできない。だから様々な行動によって表現するしかない。それが「問題行動」と呼ばれる行為の大部分であると思う。

おそらくそれは全ての大人がかつて持っていて、社会に順応するために忘れ果てたものなのだ。例えばそれは家族の中で父も母も諦めてしまい、もはや諦めたことさえも忘れてしまっている夫婦のお互いへの絶望や悲しみなのかもしれない。それは子どもの問題に向き合う以外には、大人たちが気づきようがなかったものなのだ。そうであれば、そこには家族の再生のカギが眠っている。

まえがき

子どもと付き合う最上の方法は、遊びと共に大人みずからもまた成長しようとする姿勢のように思える。腰掛のつもりだった私は、いつしか子どもを理解するために、以前より本を読みものを考えるようにもなった。苦手な卓球やバトミントンも少しはうまくなった。詩や散文を書くようになったのも子どもたちの目覚ましい変化を言葉にしたいと願ったからだ。やがて子どもの支援には家族の支援が必要なことが分かった。折しも「家族療法」に出会えたことは私にとって幸運であった。しかしどれほど優れた体系や理論も人生の現実を把握しつくすことはできない。だからある仮説が正しかったかどうかは、一人の子どもの困りごとをどれだけ解決できたかという一点にしかない。

本書は十のエピソードからなり、筆者の中では時間的な順序があるのだが、もちろん目次を見て興味を引いたところから読んで頂いてかまわない。小難しい理屈抜きで「子どもと家族の物語」として読んでいただければ十分である。

子どもたちと家族に出会う中で、自ずと芽生えてきた言葉がある。それは世の中には二種類の大人がいるということだ。子どもの心を持った数少ない大人たちと、一方で大人の格好をしたたくさんの子どもがいる。私は今でもその道の途上にある。その導きの糸は、むろん子どもたちの問題と家族の力なのである。

末尾になるが、これらの物語には創作的改変が加えられていることをお断りしておきたい。

子どもたちの問題　家族の力◉目次

まえがき

子どもたちの問題　家族の力

I

明るい不登校　三世代家族のバランサー

子どもという不思議な存在

終業式が終わるころを見計らい、教職員席の空席に目立たぬように座った。校長先生の訓辞の声が寒々とした体育館に響いている。中学生達は学年ごとにスリッパを横にそろえ列をなして正座して聞いている。生徒指導の先生方は子どもたちの周りをゆっくりと歩き回っている。私は三年生の集団のなかから一人の女の子を探していた。女子の生徒達は制服のスカートを丸く広げ、冷たい床に座っている。列の後方に、マスクをしたその子を見つけた時はうれしくなった。ここ一か月ずっと休んでいて気になっていたのだ。その中学に私が勤務で訪れるのは二週間に一度である。不登校だった彼女は二年の一学期になって意を決したように登校をはじめ、カウンセリングでも内面的な成長を感じていたからだ。式が終わり教室にもどろうとするその子に駆け寄り「どう、元気?」と声をかけた。彼女は照れくさそうに「調子崩しちゃって」と笑う。「少し話をしようか」と私が言うと「今はみんながいるから、また今度」と答え、群れのなかに戻っていった。少しほっとして、午後から面接予定の三年と二年の男の子についての学校からの事前の情報に目を通す。

私はスクールカウンセラーとして複数の中学校に勤務している。私は元々カウンセラーなどではない。某県の児童相談所で二十年以上、不登校、非行、発達障害、虐待通告・相談等に従事するソーシャルワーカーをしていた。その中で「家族療法」という支援方法と出合い、家族との連関のなかで子どもを支援した方が遙かに問題の解決に役立つという体験を積むことができた。家族療法は心理療法の一種なので、自ずとセラピスト的な技術も学ぶこととなった。そして退職間際に、家族心理士というセラピストの資格を取得した。マイナーな資格であり知らない人がほとんどだと思うが、平たくいえば家族療法を人に教えてもいいという資格である。退職後、もうしばらく子どもたちに関わる仕事をしたいと思い今の仕事を選ぶこととなった。ただし臨床心理士等に比べ、家族心理士は社会での認知度も低く「スクールカウンセラーに準ずる」という扱いとなったのだが。

その差別的待遇にはいささか不満なのだが、家族というシステムのなかで子どもを捉える心理士はほとんど地域にはいないので、実際的には結構役に立っているという自負はある。二〜三年のつもりで始めたのに十年近くも続けているのは幾つかの理由がある。一つはこんな年齢になっても子どもたちが相談に来てくれること。もう一つはゴールのない心理療法の深みがわかりかけてきたこと。最後に何よりも困っている子どもの傍にいるのが好きなことと、子どもたちから教わることがまだまだ多いということである。

子どもという不思議な存在を通して、私は人間と世界との関わり方を学んできた。それはそのまま自分の生き方の変化となり、コミュニケーションや周囲の人間関係の変化となって現れた。例えばスーパーバイザーのドクターから「面接は最初の三十秒で決まる」と教わったことがある。私はそれまでの経験に照らし深く納得した。以来面接室のドアを開ける前に、「最初の三十秒」と呪文を呟《つぶや》き入室した。そしてその時は相手とうまく関係を作れたものである。もちろんそれは日常の人間関係の始まりにおいても変わりはない。しかし今ならこう呟くだろう。「面接は始まる前がもっとも大切である」と。

また私は自分の理解を超えたもの、わけのわからないものに惹かれる性癖から、若い頃から、頭はよくないくせに哲学書などの難解な思索を好んだ。そのことに対しても最近、生活や臨床場面での有効性こそを、思弁や理論の正当性の根拠とすべきと思うようになった。どんな精緻な分析や理論よりも現実の方が複雑で混沌としている。どれほど深い思想であれ、事実という無限の実在の一つの側面からの解釈に過ぎない。だから特定の思想や技法によってのみ子どもと関わる人に優れた支援者はいない。これは単なる経験主義とは全く異なるもので、行き詰った現実を変化させる見立てをその都度探すという実存的行為なのだ。それは時に親子の愛着理論であったり、認知行動療法だったり、横町のご隠居さんの市井の知恵であったりする。意味づけが正しかったかどうかの判断は、現実がどう変わったのかという一点にしかない。ところで真実とは何であろうか。ありのままの事実というものは果たして存在するものなのだろうか。

いやいや結論を急ぐまい。これから印象に残っている子どもたちのことを少しずつ書いてみたい。そこで紹介する数々のエピソードはそのことへの私なりの探求の歴史でもあるのだから。

快活な不登校

最初に脳裏に浮かぶのは、私にこの仕事を本気で続けさせるきっかけを与えてくれたあの娘のことだ。名前は仮にサトミちゃんとしておこう。もう二十五年以上も昔のことだ。小学校二年のサトミちゃんは一月の寒い日に、お母さんに連れられて児童相談所にやってきた。主訴は不登校だった。二年生の二学期の始めから登校しぶりが始まり、学期の終わりにはほとんど登校できなくなった。ただ登校したときは友達とも仲良く遊び、すこぶる元気とのことだった。担任の先生と母親は何度も話し合ったが、原因らしきものは見あたらず、困り果てた先生に勧められての来所だった。当時は不登校が社会的に認知され社会問題となり始めていた。まだ学校にはカウンセラーなどの配置もなく、理解の深い先生も少ない時期だった。自ずと児童相談所への不登校相談が増加し、何件もの相談を一人の職員が抱えていた。私は児童福祉司（子ども専門のケースワーカー）になって二年目の頃で非行や不登校といった子どもの問題行動の複雑な輪郭がおぼろげながらわかり始めた頃だった。ちなみに問題行動という言葉の意味は「大人にとって困る」子どもの行動のことである。

サトミちゃんは利発で活発そうな子だった。お茶目な感じの可愛い子で、初めこそ恥ずかしそうではあったが、質問にもはきはき答え、私がそれまで出会ったどの不登校の子どもともタイプが異なっていた。どこから見ても不登校らしいところの見られない子だった。お母さんはふっくらした体形で素朴な優しさが感じられた。サトミちゃんに学校のことを聞いてみると、先生もクラスの友達もいやではないという。しかし朝になると起きられないし、起きた後も体が動かないのだそうだ。時折おなかが痛くなることもある。先生に迎えに来てもらったり、お母さんが送っていこうとしても、足がすくんで泣き出してしまう。本当はみんなと同じように学校に行きたいのだと打ち明けてくれた。

サトミちゃんは三人兄弟の真ん中で、小学六年の姉と、幼稚園年長の弟がいた。三世代同居の家族で農業をしている祖父母と、その次女である母親と農機具製造の会社に勤務する養子の父親の七人家族だった。同居している伯母さんも含めると八人の大家族であった。姉は気が強くしっかり者であり、弟は甘えん坊でわがままらしいことがわかった。サトミちゃんは幼少期からお利口で手がかからない子だったそうだ。すこぶる一般的な仮説だったが、三人兄弟の真ん中の子によく見られる、関わりの不足ではないかと推測した。母親も思い当たる節があるというので、幾つかのアドバイスを行った。そして二週間に一度、お母さんと二人で通所してもらうことにした。何よりもその時間が母子二人だけの特別な絆を実感できる機会になることを期待したからだ。しばらく登校刺激は控えることとし、担任の先生にはときおりの家庭訪問をお願いした。

来所時のサトミちゃんはとても嬉しそうで、お母さんも回を重ねるごとに明るくなっていった。先生との関係も深まったころ、お母さんと一緒に放課後の校門まで行くことから始めた。三月の始めには母に連れられて徐々に登校が始まり、春休み前には毎日登校できるようになったのだ。終業式の後で母親と訪れた彼女は笑顔で「もうわたしここに来なくていいと思う」と帰りしなに言った。お母さんと並んで立ち去る後ろ姿に、一件落着と安堵した。

ところが三年の一学期が終わろうとする頃、再びお母さんから電話がかかってきた。サトミちゃんがまた学校に行けなくなったというのだ。前回と同じく、やはり原因らしきものはなさそうだという。ただ今回は先生が迎えに来ても会おうとしないという。幸いなことに今度も母子で児童相談所には来てくれた。さすがにふたりとも表情が沈んでいて、特にお母さんは戸惑いの様子が見て取れた。聞けば、祖父が世間体を気にして「おまえ達が甘やかすからこんな恥ずかしいことになる。泣いてもひっぱって連れていけ」と叱るので参っているという。あまりうるさいので、一度そうしてみたところ、サトミちゃんはパニックとなり、しばらくは口も利かず部屋から出てこなくなった。

児童心理司に頼み、遊びを通して、心理面や情緒面の評価をしてもらった。その所見は理解力も豊かで発達の課題もないが、やや自我の発達に幼い面がみられる。あとは生活面での経験不足が窺われるとの結果だった。結論として遊びを含めていろんな生活上の経験をさせてみてはとのことだった。ちょうどここ数年夏休みを利用して、児童相談所で二泊三日の不登校児の療育キャンプを実施していた。これだと思いさっそく二人に提案してみた。お母さんは乗り気だったが、サトミちゃんはかなり抵抗を示した。お母さんも一緒に参加という条件で粘り強く説得し、数回に渡る事前通所を経て無事参加することができた。子どもたちが八人、母親が二人、ボランティアの学生さん達も併せてスタッフ二十人程の小さなキャンプだ。飯盒炊飯、魚釣り、肝試し、花火大会などの行事を通して、最初はおずおずしていた子どもたちが、自然の懐に抱かれ、次第に仲良くなりたくましく変わっていくのを見るのは毎年の喜びだった。サトミちゃんも友達ができ、大学生達からも可愛がられキャンプの人気者になった。

キャンプを経験した子どもたちは、時に、思いがけない変化を見せてくれる。二学期が始まり、サトミちゃんが始業式から登校したと、お母さんから弾んだ声で電話があった。今度は大丈夫だと誰もがそう思った。

しかし二か月ほどするとサトミちゃんはまた登校できなくなってしまったのだ。今にして思えば、そんなことは不登校の子どもさんには珍しいことではないのだが、その頃の私は必死だった。そしてサトミちゃんとお母さんは、なぜか私を信頼して今回も相談に来るというのだ。私は頭を抱えた。正直もうどうしていいかわからないのだった。

ソーシャルケースワークの支援の枠組みは診断主義といわれるものだ。クライエント*からの様々な情報を詳しく傾聴し家族のアセスメント（評価）を行い、問題を引き起こしている原因を特定し、そこに働きかけようとする。そのモデルは医学診断である。その背景にあるのは科学的認識論である。ケースワークは科学だと、先輩からよく言われたものだ。私は「科学」という言葉に、いつも何となく違和感を覚えるのだった。世の中のことは原因がはっきりしないことの方が多いのではないか。サトミちゃんに関してもそうだ。原因らしきものには考えられる限り働きかけてみた。他にどんな原因があるというのか……。それでも私はその後も担任の先生に学校での様子を詳しく尋ねたり、家庭訪問をして祖父母に無理な登校刺激を控えてもらうよう頼んだりした。姉と弟にも会いすっかり仲良くなった。みんなとてもいい人達で、彼女が不登校になる理由は学校のなかにも家族のなかにもなさそうだった。

目から鱗

そんなときだった。スーパーバイザー*として児童精神科医の井上ドクターが月に一度来所す

---

*クライエント：相談・カウンセリングなどを利用する人。来訪者とも訳される。最近では利用者と呼ばれることが多い。

るようになった。児童福祉をイギリスで学んで帰国したという井上先生はまだ若く、気さくな人柄と斬新な知見によって私たちを刺激し、会うたびに大切なことを教えてくれた。さっそくサトミちゃんのケースを相談してみた。

これまでの関わりの経過を聞き、しばらく考え込んだ後で井上先生は「一度家族を集めてみたらどうだろう」と言った。「一度に全員ですか?」「そう、できれば全員。もちろん集まれる人だけでもいいけど」

「お父さん以外は面識があるので、春休み期間だったら子どもたちも含めて集まれるかもしれません」と応えると、井上先生は続けた。

「世代間の葛藤があるような気がする。お父さんは養子だったよね。おじいちゃんに遠慮しているような気がするんだ。もしかしたらお母さんも、自分の実家なのでご近所にも愚痴をこぼせないのかも知れない」

見えなかったものに気づかされた瞬間だった。まさに目から鱗だった。

わたしはその言葉にお母さんが語っていたあるエピソードを思い出した。それはサトミちゃんが毎晩、寝る前に家族の全員にお休みの握手をしてまわるというものだった。その時は意味

＊スーパーバイザー：上司や先輩カウンセラーから助言や指導を受けること。相談したり、アドバイスを受けることを「スーパービジョン」という。そして、その指導や助言をする指導者を「スーパーバイザー」という。

が分からず聞き流していたのだが、その行為の象徴的な意味が分かりかけた気がしたのだ。

　サトミちゃんは一見快活なようで、その実とても大人に気を遣う子どもだった。祖父母や両親や兄弟の中での不安げなサトミちゃんの姿が脳裏に浮かんだ。でもそれとサトミちゃんの不登校が関係あるとは思えなかった。私は家族をほぼ全員知っていた。彼女を追いこんでいる人は誰も見当たらない。その疑念を口にすると「一人一人の家族を知っていても、家族が一堂に会したときにはまるで違うものになる。水素と酸素が化合すると水という違う物質になるだろう」と井上先生は噛んで含めるように続けた。

「ミニューチンという家族療法家の考えなんだけど、健康な家族と機能不全な家族を比べて、問題を抱えた家族には夫婦連合が欠如しているというんだ。ちなみに「連合」とは第三者に対抗するために二者が協力するプロセスのことだ。サトミちゃんのご両親はおじいちゃんに気兼ねして、夫婦の話し合いや協力が十分でない、つまり連合が欠如している可能性がある」

「でもそれとサトミちゃんが学校に行けないことと関係があるんでしょうか」

「祖父母もご両親もサトミちゃんを可愛がり心配している。しかしその関わり方や言葉かけが大きく違っているとしたらどうだろう。感受性の鋭い優しい子であれば、両者に気を遣い、葛藤の果てに引き裂かれエネルギーを使い果たしてしまっているのかも知れない」

「学校に行くエネルギーが残っていないということですか?」「あくまでも一つの仮説なんだけど」と先生は独り言のようにつぶやいた。

「ただぼくは家族療法の専門家ではないので、家族面接の具体的なやり方はよく分からないんだ。でも、大まかな方向ははっきりしている。それは祖父母夫婦に少し遠慮してもらって、若夫婦の関わり方に焦点を当てる。世代交代が自然にできること。遠慮がちなお父さんの考えを引き出すことができれば夫婦連合が生まれるはずだ」

家族面接などやったことのない私が、これだけの助言で一度家族に集まってもらおうと決めたのは、「家族が集まれるという事実だけで、問題の大半は解決している」との井上先生の予言めいた一言の故だった。もちろん他に方法はなかったし、既に家族の殆どと顔なじみだったということも理由の一つだった。何とかなりそうな気がしたのだ。私は早速山田家を訪問し家族の来所をお願いした。伯母さんを除いた全員が来所できるとのことだった。日取りは春休みのある日に決まった。

井上先生が事前に「家族面接のポイント」を箇条書きにして送ってくれた。

一　家族と仲良くなること。これをジョイニングという。家族の仲間に入れてもらう家族療法の土台とでも言うべき最も大切なステップである。（私はお父さん以外とはある程度それができているという利点があった）

一　みんなに肩入れすること。具体的には全員の発言の機会を作ること。

一　サトミちゃんの問題をどう考えているかを各人に聞いてみること。

一　父親の発言の機会を意識的に増やすこと。具体的には父に質問や意見を聞く場面を増やすこと。
一　祖父母を褒めたたえながら、若夫婦の子育てを見守る役目をお願いすること。
一　次回面接までに家族の取り組むべき宿題を出して終了すること。
以上の助言をもとに事前に作戦を練った。行き詰ったときのために児童心理司にも同席してもらうことにした。

家族面接

その日が来た。テーブルを取っ払った面接室に半円形に七つの椅子を並べ、対面して私たちの椅子を用意した。「ご自由にお座りください」と面接室に招じ入れる。左端におじいさんとおばあさんが座り、その横に子どもたちが並び、ご両親は右端に並んで席を取った。サトミちゃんはお父さんの横に、弟君はお母さんにくっついて甘えている。私たちが入室すると狭い面接室は人でいっぱいになった。私はとても緊張していたが山田家の和やかな雰囲気に助けられ自然に言葉が出た。まず全員に「サトミちゃんのことでお集まりいただきありがとうございます」とお礼を述べ、特に父親には仕事を休んでの来所の労をねぎらった。父のおじぎと会釈からは、控えめで実直そうな印象が窺えた。

「サトミちゃんは家ではどうしていますか」と誰に言うでもなく尋ねてみた。「マンガをみたりテレビをみたり好き勝手に過ごしていますよ。先生から言われたので何も言わないことにしていますが」と祖父が切り出した。「頼めばお手伝いもしてくれるし、学校さえ行ってくれればねぇ」とおばあちゃんがとりなすように応じた。

「でも一昨日は担任の先生とも会えたし、昨日はあかりと一緒に夕方の散歩もしたんです」とお母さんは私に向かって助けを求めた。

「それはよかったですね。サトミちゃん、お姉ちゃんと散歩したの？」サトミちゃんはにこにこ笑っている。「あかりちゃん優しいね。ありがとう」と姉をねぎらう。「最初はサトミがさぼってると思っていたけど、そうではなさそうだから……」と姉は照れている。

ここで思い切って父親にサトミちゃんの不登校についてどう思うか聞いてみた。しばらく沈黙が続いた。祖父が何か言いかけたが、丁重に制止して、父に「どんなことでもいいですから」と促してみた。

「正直私にはわからないんですが、この子は活発でいつもみんなを明るくさせてくれます。その分みんなに気を遣っているのではないかが心配です。学校でも友達とも仲良くやれているらしいのですが、一方的に気を遣っているのではと思うんです」

そう語り終えるとサトミちゃんの方を心配げに見た。母は意外な表情で父の横顔を見つめた。私は大きくうなずいた。こんなふうに面接は続いて行った。私はこの辺までのやりとりしかはっきりとは覚えていない。ただ父親の発言を引き出そうとしたこと。ご両親の話し合いが必要になる質問を何度か試みたこと。その分祖父の発言を控えてもらうこと。それでいて祖父母にネガティブな感情を抱かせないように腐心したことだけを覚えている。そしてサトミちゃんが終始ご機嫌だったことも印象的だった。弟は自分も幼稚園を休みたいと母に甘えた。みんな心配はしていたが、責めるような言葉は出なかった。最後にまた集まってもらえますか、と聞くと、祖父が「それは構わんけどどんなことでよくなるんですか。わしは座っとるだけですが」と聞いた。その口ぶりはずいぶん穏やかになっていた。「はい。おじいちゃんがいらっしゃるだけで安心です」とわけのわからない返答をした。するとなぜか部屋中大笑いになった。そこで、事前に考えていた宿題を出すことにした。それは次回までに一度親子五人でどこかで食事をするというものだった。どこへ行くかはみんなの意見を聞いた後で父親に決めてもらうことにした。次回の日取りは一月後の土曜日に決まった。

二度目の家族面接は同じメンバーで四月の終わり頃となった。実はそのころサトミちゃんが、お母さんの送迎ではあるが週の半分ほどの断続的な登校が始まっていた。そのせいもあり初回以上に明るく賑やかな雰囲気になった。宿題について尋ねたところご両親で選んだレストランに行ったとの報告もあった。あきらかに家族のシステムの変化が感じ取れた。夫婦と親子のコミュニケーションも増えたようで、父親の家族での存在感も増しているように感じた。二度目の宿題は、次の家族のイベントをみんなで話し合ってもらうことにした。まとまらないときは前回と同じく父に決めてもらうルールにした。

その後サトミちゃんは自分で登校できる日が増えていき六月にはついに毎日登校できるようになった。六月に予定していた三回目の面接は父の急な仕事のため順延となった。その後もサトミちゃんは元気に登校を続け、結果的には一学期の最後まで登校できたのである。二学期になってもサトミちゃんは登校しぶりを見せることはなかった。最後の面接のことは今でもよく覚えている。その日は、お父さんとお母さん、サトミちゃんの三人での来所だった。二か月ぶりに会う彼女は以前とかなり違っていた。明るさや利発さはそのままなのだが、自然な自信に満ちていて、どこか大人っぽくなっていた。それでいて両親の間ではしゃぐ姿は以前よりも子どもらしかった。私はサトミちゃんの変貌ぶりに驚き、その成長を「美しい」と感じた。その後私はサトミちゃんの家族とは会うことはなかった。ケースは今度こそ終了したのである。ある感慨とともにいくつかの疑問が生まれた。

第一にサトミちゃんが、わずか二回の家族面接で何故学校に行けるようになったのかはわからないままだった。たまたま回復の時期が来ていたのではないかとも考えた。でも児童心理司の見立てや私の乏しい経験からもそういう兆候が全くなかったのは明らかだった。やはり家族面接の効果だと認めざるを得なかった。第二に、ではどうして一度や二度の意図的介入によるコミュニケーションの変化が家族の力動を変えることができたのだろうか。変化とはもっと内発的な決意からしか生まれない、と考えていた私にとっては意外だった。しかし現にサトミちゃんは大きく変わっていた。

　それらの疑問とともに、原因や犯人探しではなく、家族という磁場の全体の変化によって、子どもが成長し問題が問題でなくなるという、問題解決への新しい展望もまた広がっていた。

　井上先生のコメントは「夫婦連合が生まれ、世代間の適切な境界が生まれたことによって、家族の本来的なパワーが発揮された」というものだった。

「驚いたね。こんなにうまくいくとは正直思っていなかったよ。内田さんは家族療法に向いているのかもしれない。本格的に勉強してみたら」とおだてられ、その気になってしまった。基本的なテキストを数冊購入し読みふけった。不思議なものでそれから間もなく著名な家族療法家の亀口先生と出会い、教えを乞う機会が訪れたのである。あとで考えるとサトミちゃんの家族面接は、明らかなビギナーズラックだった。それはその後のうまくいかなかった面接や失敗の繰り返しの中で思い知らされることになった。しかしどんなに下手な面接でも家族が一堂に会するだけで、そこに予期せぬ何かが生まれる場面を幾度となく見ることができた。また、当時は公的なサービス機関という性格上、その権限によって家族に集まってもらえるケースも少なくなかった。いわば下手でも家族療法がやりやすい環境だったのである。そのことは退職後に一介のカウンセラーとなったとき身に染みて分かった。家族に来てもらうことなどほとんどできなかったからだ。仕方なく目の前の一人から家族関係を類推し、一人を変えることから家族に変化をもたらすことを試みてきた。また山田家には家族療法のモデルともいうべき家族機能の光と影がバランスよく備わっていた。その後私は分裂した家族や崩壊してしまった多くの家族と出会ったが、その回復を目指す上で山田家は常に原点のように私の中で存在し続けた。サトミちゃんとその家族に出会えたことは紛れもなく私の幸運だった。そして彼女の悩みにわずかながらでも寄り添い、変化と成長の場面に立ち会えたことは、同時に私の人生の道筋が、おぼろげながら見え始めた瞬間でもあったのだ。

後年私は変化するものを美しいと感じるようになった。変化する現象、あるいはその瞬間を言葉で表現したいと思うようになり、いつしかそれが断片的な文章を書くことにつながっていった。私が拙い詩を書くようになったのはその時の驚きが原点なのだった。そして気づいてみれば自然も人間も宇宙も変化しないものはなかった。当然変化には二つの方向がある。それは生成と死滅である。私たちはそのいずれにも美を感じる存在なのだった。現代においては崩壊や滅びの美が幅を利かす時代であるように思われる。その時代のトレンドは私の内部にも深く浸透している。したがって破滅の美しさの方が表現しやすいし共感も得やすいのだ。しかし新しい何かが生まれ成長する瞬間に勝る驚きと興奮はない。そしてその驚きは変化するものの源への誘いという、あの永遠の問へとつながっている。そういうことの一切が、私においてはサトミちゃんと出会った時から始まったのだ。

止まない非行　母のなりたかったもの

施設しかない？

「私も長年いろんな生徒を見てきましたが、あんな子はそうそういません。まず在宅での立ち直りは無理だと思います。児童自立支援施設でも難しいかも知れません。このままでは遅かれ早かれ少女院でしょうね。中学二年の夏休み前まではごく普通の生徒だったんですが。秋口から急変し不良グループとつきあい始め、グループで頭角を現すのに時間はかかりませんでした。今では事実上のスケバンといっても言い過ぎではありません。今年の三月、ツーショット・ダイアルで男性と関係をもち警察に補導されています。その後しばらくは落ち着いていましたが、最近では教師への反抗、授業の放棄や他校生との喧嘩、恐喝などやりたい放題です。今は十八歳の暴走族の少年と交際しています。家人が寝静まった後に家を抜け出して遊んでいるようです。両親はとても困っていて、どうしていいか分からないと嘆いています。学校には協力的です。そのうちに警察から通告書が届くはずですが、児相を紹介したところ、ご両親で是非相談したいと希望されています」

生徒指導の田中先生は日焼けした額に皺を作り人懐っこい顔に渋面を作った。そして最後にもう一度「私は施設しかないと思います」と付け加えるのを忘れなかった。

「それは会ってからのことですが、まず連れて来れるかどうかですね。先生のおっしゃるような子どもさんだとしたら簡単には来てくれないでしょうね」

「確かに簡単ではありませんが、私との関係は悪くないんです。本人には私からもよく言ってみます」

そういって先生は帰った。

まもなく父親から相談予約の電話がかかってきた。電話の向こうから父親の苦渋の様子が伝わってくる。面接日を決めた後で唐突に「先生何でもしますから助けて下さい。ただ施設だけには入れたくありません」と懇願される。夫婦と、本人の三人で来所するように伝え電話を切った。最初から施設はいやだというのは、田中先生が児童自立支援施設を勧めたのかも知れない。児童自立支援施設とは非行をくり返す児童を入所させて、問題行動を矯正し自立を目指す児童福祉施設のことだ。ベテランの田中先生の所見だから、それなりの理由はあるのだろうが、事前に余計なことを吹き込んでもらうのも迷惑だと思った。しかし両親が困っているのは支援者にとっては好都合だ。また家族が寝静まった後で家を抜け出すということは、家のルールには一応従っているのだから、両親がその子を連れて来所するのは十分に可能ではないかとも感じた。家族療法が有効かもしれない。しかし、こんな行動化の激しい事例でそれができるかどうかは分からなかった。初回面接で手応えを感じたら、家族療法の専門家の亀口先生に助言を仰ごうと思った。

数日後、予想通り中島ひろみは両親に連れられてやってきた。田中先生も同行している。左から父親、母親、ひろみの順番で座った。比較的小柄で母親似の整った顔立ちである。髪は茶髪に染めていてボーイッシュに短くカットしている。その髪色では教室には入れてもらえないだろうと思われた。ふてくされてはいたが予想していたよりは健康な感じが残っている子どもだった。三人とも硬い表情で座っていたので、紹介がすむと田中先生には退室してもらった。父親の中島二郎さんはまじめそうながっしりとした体躯で、思い詰めたような顔つきには憔悴の色が表れていた。奥さんの弘枝さんは清楚な美人だが化粧の濃さが目を引いた。ふたりはどこか不似合いな感じがした。夫の横で静かに話しを聞いていて、こちらから質問をしない限りはほとんどしゃべらなかった。両親の一番の心配は娘が毎晩のように家を抜け出すということだった。「学校の先生にも相談し、他の相談機関にも行きましたが効果はありませんでした。思いあまって叩いたりもしました。田中先生は環境を変えるしかないといわれますが、それだけはしたくありません」と父は口をつぐんだ。本人が目の前にいるせいか、その他の具体的な問題行動については話しにくそうだったので、私の方から家族のことを質問することにした。父は意外な顔をしたが問われるままに次のことを語った。

家族とマラソン

夫婦で総菜屋を営む家族である。昭和四十五年頃から市場に総菜をつくって卸している。祖父がはじめた店を昭和五十年に父親が引き継いだ。とても忙しく朝五時から仕事を始め、夜は八時過ぎまでかかる。人手を雇うような規模ではないので、子どもたちも年齢に応じて家業の手伝いをする。長男は成人し福岡の会社に就職している。次男は高校の二年生である。あとは小学三年の次女と四歳の末娘がいる。「この子もつい最近までは末娘の世話をしたり、朝五時から風呂を沸かしたりよく手伝ってくれたんですが」と父はひろみの方を見る。ひろみはそっぽを向くが言い返しはしない。「五人もの子どもさんを育ててこられたんですね。これだけは伝えようとされたことはありますか」とふたりに聞いてみた。すると父親が間髪を入れず答えた。

「マラソンです。私が若いころ選手だったこともあり、子どもたちには全員マラソンを教えました。マラソンには人生の大切なことが全部備わっています。もちろん才能も必要ですが、根性と練習によって早くなれるし、レースでも駆け引きと一瞬の決断で逆転も可能なのです」と二郎さんは顔を輝かせた。母とひろみは顔を見合わせ苦笑している。

「長男は、高校時代は市や県の代表で去年の国体にも出ました。この子もいいもの持っていたんですが、怪我がもとで断念せざるを得なかったのです」と顔を曇らせた。「そうなんですか。確かに人生はマラソンのようなものかもしれませんね」ともう一度母に言葉を向けてみた。弘枝さんは「そうですね」と心なしか顔を伏せた。「此処には来たくなかったでしょ」と黙ったままのひろみに聞いてみる。頷いたが返事はない。「できればキミのことを応援したいんだ。高校は行くつもり？」返事はないが否定もしない。「志望する高校も決まっていたんです」と父親が答える。すると弘枝さんが初めて自分から口を開いた。「この子は付き合っていた子がいたんです。それを主人が無理に別れさせてから、荒れ始めて」「そんなこと関係ねえよ」とひろみは母の言葉を遮ったが、その表情は怒ってはいなかった。

「そうなんですか。子どもは理由なく荒れたりはしないものです。でもお父さんとしてはご心配だったんですね。今後の問題として中学生らしい付き合い方ができるようなら考えてあげてもいいかもしれませんね」と言葉を濁し、それ以上深入りはしないことにした。

そして親から見た子どもたち一人ひとりの印象を聞いてみた。長男は成績もよくマラソンが大好き。今の会社に入れたのもマラソンのおかげという。優しい性格と父親は言い。母は笑いながらうなずいている。次男は「優しいが変わった性格」との父のコメントに、めずらしくひろみがくすくす笑う。「どう変わっているんですか」「何を考えているのか分かりません」と父親。母もうなずいている。

「ひろみちゃんには分かったりして」とふってみると、笑いながら「わからん」と一蹴される。変わり者のエピソードのひとつとして、高校一年の時、突然家出をしてしばらく近所の空き家に住んでいたことがあった。家に帰るよう父が叱っても母が頼んでもいうことを聞かず、最後はみんなで説得してやっと家に帰った。その後何事もなかったように落ち着き最近は成績も上がってきたという。確かにおもしろい子どもさんですねと相づちを打つと、父もうなずきながら相好を崩した。ひろみ本人についても聞いてみる。「もともと優しくてだれからも好かれる子どもだと思う。少し要領のいいところはありますが」と父親。本人は穏やかな顔で聞いている。母親にも尋ねると「他の子どもたちは私とあまりしゃべりませんが、この子はよく話をします」「普段はよく話しもするし、いいんですが」と再び父親の顔が曇る。

次女はしっかりもので家事も勉強も頑張りやとのこと。学校と仕事の手伝いが終わったら四畳半ほどの休憩室で勉強するか、近くの自宅に帰っている。四女は甘えん坊で利かん気なところがある。保育園に母が迎えに行き、その後は仕事場か休憩室で遊ばせている。仕事柄ある年齢になったらみんなに手伝わせてきた。ひろみと次男は朝五時から七時までと、夜も五時半から八時まではそれぞれ手伝いをする。日祭日の他に月に二回は子どもたちの休みがある。それ以外はだいたい手伝っているという。すごいですねと驚くと「みんなそうしてきました」と父親。

「じゃあ料理実習とか得意だろうね」ひろみに聞くと無言でうなずく。「包丁使いがうまいので学校では先生の代わりをやらされたりするんです」と母親が付け加える。ちなみに風呂沸かしとご飯炊きは次女の役目とのことだ。

最後にもう一度本人に向かって真剣に語りかけた。

「さっきもいったけど好きでぐれる子はいない。だけどこのままでは施設に入らないといけなくなる。高校も今なら十分間に合うし、今後のことをみんなで考えていこうよ」黙って聞いていたが心なしか表情に変化が感じられた。

「今後三週間か一月に一回、来年の二月くらいまで今日みたいに此処に家族で来てくれるかな。それができないならば警察からの通告書は、児相での支援は無理との理由で、家庭裁判所に送るしかないけど」とやわらかな脅しを込めてもう一度ひろみに言った。ひろみはしばらく考えていたが小さく頷いた。

「ありがとう。悪いようにはしないよ。ただ約束だからその日はなにがあっても来てね」と念を押した。「一度だけでいいんですが、集まれる方全員に集まってほしいんです。何時にするかはそのうちに決めましょう」と両親にお願いして第一回目の面接は終了した。

面接終了後、手短かに両親から本人の様子を聞いてみた。ここ数日は落ち着いているとのことだった。何度も夜抜け出すので、これまでは二階に寝かせていたが、今では一階の両親の寝室の隣に寝せている。注意をするとしばらくは効き目がある。今つきあっている少年は某中学出身の暴走族のメンバー。警察に相談したところ、常々マークしている少年なので警察からも交際を止めるよう注意をするといってくれたそうだ。「それは助かりますね。しかしそれで我慢できるかな」と危惧すると、「そんな深い気持ちではないんです」との父の一言。母は黙ったままだった。

スーパーバイザーの亀口先生にケースの概要を説明した後で二つのことを聞いてみた。亀口先生は福岡教育大学の臨床心理学の教授で井上先生の後任だった。先生は長年家族療法を実践され九州ではすでに高名だった。数年後にヘッドハンティングのように東大大学院に転勤されるまでいろいろと教えて頂いた。家族療法の最初の師匠とでもいうべき方だった。

質問のひとつは家族療法の対象ケースたり得るかということ。初回面接ではそれしかないと思ったのだが、非行ケースのとりわけ行動化の激しい場合も、それが有効なのかは自信がなかった。

二つ目には非行ケースは子どもの行動化への迅速で適切な対応と、一方で持続的で本質的な関わりの両方が求められる。家族療法を続けていくなかで、必ず起こる朝帰りや喧嘩などの行動化にどう対処していくのかよく分からなかった。第一の質問には亀口先生は家族療法のケースであると保証してくれた。家族が一度でも一堂に会すれば劇的な変化も考えられるとの助言も頂いた。後年になって私は、家族療法は家族が集まらなくともできるということも学ぶのだが、当時はとにかく集めることに執念を燃やしたものだ。第二の質問には家族システムに介入する時間と、問題行動に枠をはめる、複数の時間軸を持つ関わりが必要という助言だった。そこで非行問題への対応の大半は学校の田中先生にお願いし、必要な場合は田中先生とともに随時私も学校に出向くなどして関わることにした。

またスーパーバイズを通して浮かび上がってきたのは以下の点であった。ひとつには中島家は家族のライフサイクルの中で決定的な時期を迎えている。また父親はリーダーシップ機能としては評価できる。母親は少し父に引っ張られすぎてはいないか。三十四歳という若さで五人の子どもを育てながら家業と家事の全般を切り盛りしている。ひたすら妻として母としての役割を果たそうとしているが、同世代の女性とは生活が著しく異なることに不満があるかも知れない。いわば女性としての欲望が抑圧されている。ひろみが欲望のままに、母親がやりたくともできないことをして、そのことを母親に話す。この二人の関係の良好さの理由が何となく分かるような気がした。ひろみは母ができなかったことを行動化しているのかも知れない。いつか母の本音が自然な形で聞ければと思った。

想定外のこと

理屈通りには行かないのがケースワークだと、二回目（三週間後）の通所時に早々に思い知らされた。父親から午後の面接時間を午前中に変更したいと電話があった。やりくりが可能だったので希望に添うことにした。来所した三人は前回とは別人のように険悪な雰囲気だった。ひろみは前にも増してふてくされていたし、父は爆発しそうな怒りを抑えていることが一目瞭然だった。母も困ったようすだったが一番冷静だった。

　私は今回から松原という心理判定員とチームを組んでいたので面接室は五人となった。松原の紹介もそこそこに、父親は感情を押し殺したように「今朝方帰ってきたんです」とだけいった。重苦しい沈黙が続いた。私は内心そんな状況で来所できたことはすごいと思っていた。松原が「よく来れたね」と本人をねぎらったのはその思いを言葉にしたのだ。もちろん返事はないにしても。

　結局当初の予定とは違い「家を抜け出して彼氏と会う」という問題の核心に触れないわけにはいかなかった。もはや家族療法どころではなかった。思春期の子どもは押しつけではうまくいかないことを父に力説した。「会うなと言われれば言われるほど会いたくなるのが人の心です。ひろみちゃんも夜中に会うのはまずいよ。ルールを作りませんか」

「一体どんなルールですか？」と父はまだ怒っている。「それを三人で今から話し合うんです。お母さんどう思いますか？」母は「その方がいいと思います」ときっぱりと言った。

　その後私たち二人も一緒になって、午後十時という門限、誰と会うかは事前に親に教える。万一門限に遅れるときは必ず母に連絡を入れる。ひろみは暴走したり恐喝や喧嘩といった法に触れるようなことはしない。授業にもまじめに出る、などという約束事を決めた。細かなことは一つ一つ母に相談するという付帯事項つきで。

　それはほとんど父親と母子二人との協議という感を呈したが、約束事がまとまった頃には父子ともに落ち着いていた。
父親が午後十時という門限を認めたことは驚きだった。恋人を奪われたようにショックだったはずなのに、父親は譲歩した。このようにして二回目の面接は終わったが、その時初めてかすかな手応えを感じた。

ひろみは授業には時どき出るようになった。髪は亜麻色に染めぎりぎりの線で学校と折り合ったとのことだった。「苦労しましたよ。毎回一触即発ですけど」と田中先生は苦笑する。一度他中の女子生徒達といざ果たし合いという寸前で、警察に補導される事件が勃発し肝を冷やした。田中先生と警察署に駆けつけた。K中の子どもたちが仕掛けたものでどっちが強いか決着をつけようとの誘いをひろみが受けて立ったらしい。私は当時そのK中の女の子も担当していて知っていたが、その児はすでに聞き取りと指導が終わり帰されたところだった。ひろみは涼しい顔で座っていた。「売られた喧嘩だから仕方がなかった」と一言。私は一通りの説諭の後で「今日はとてもついていたね。鑑別所に行くところだったよ」と付け加えた。そして「また挑まれたらどうする」と聞いた。相手の子どもの激しく執拗な性格を知っていたからだ。ひろみはしばらく考えた後で「にげる」と答えた。「約束だよ」と念を押すとそっぽを向いたまま頷いた。警察の少年係の方にはこれまでの経緯を説明し善処をお願いした。少年係では今度同様の事件が起これば、家庭裁判所に通告をするという条件に加えて児相が責任を持って指導を継続するという条件で、調書をとるだけの不処分にしてくれた。

やんちゃな妹

このような状況下で十一月に三回目の面接を持った。

父親、母親、ひろみ、次女のあやこの順に座った。三女の留美は母親の膝の上にいたが、すぐ活発に動き回り始めた。ブラインドに触ったり部屋の電気を消すとさわいで席を立とうとしたり忙しい。隣室の違うケースの子どもが遊んでいるところに行くと言って聞かない。二人の姉に「ひろみ」「あやこ」と呼び捨てにして憚らない。あやこに突然「指しゃぶり」と言い放つが二女は苦笑いして反発できない。松原が「なんで留美ちゃんは、ひろみちゃんを呼び捨てなの」と聞いても本人も返答に窮している。父親が、まあ仲のよい証拠ではないですか、ととりなす。最近いかがですかと父親に聞いてみる。「近頃とてもいいです。家で勉強などもしてますし。こんなふうであれば申し分ないんですが……」

「それはいいですね。ということはお母さんともその都度よく話し合いができているということですね」「ええ」と母が引き継ぐ。一度だけ友達と話し込みすぎて帰宅時間を過ぎてしまい、今から帰れば怒られると思い母親に電話してきたという。父親と先方の了解をとり宿泊を認めたことがあった。志望する高校について三人でこの前話し合ったとのこと。

母親に休みの日は何をしているかを聞いてみた。ただゆっくりしていますとの答えが帰ってきた。「何か好きなことができるとしたら何をします?」ともう少しつっこんでみた。「何もないです。何もしないでゆっくりしたいです」以前の二回に比べかなり口調が軽くなっていると感じた。父は、日曜日は休みだし土曜も隔週で休めるし、そう大変でもないとフォローする。父に同じ質問をすると「ゆっくり旅行がしたいですね。長い休みが取れないので」と妻の方を見た。

面接の後で松原と話し合ったことは三女留美ちゃんの存在の大きさだった。完全にひろみの居場所を奪ってしまっている。松原が「留美がやんちゃをして、ひろみが自然にそれを咎《とが》められるようになることが回復のイメージ?」と呟いた。そうかも知れないと思った。そしてそういう場面を思い浮かべてみた。

母のなりたかったもの

十二月の四度目の面接の冒頭で、ひろみが笑顔で「先生約束どおり逃げた」と唐突に誇らしげに語った。父親が「トラブルの被害にあった」と説明を始めた。

K中の番を張っている二人の女の子から、本校でひろみが番を張っていると聞き、また一方的に喧嘩を売りに来た。実際は番など張っていないと本人の弁。左顔面をいきなり殴られ隙を見て逃げた。瞼が腫れ上がっているのを母親が気づき、翌日父親に言い、父親は学校に連絡した。学校から被害届を警察に出すよう勧められその通りにした。明日加害者が呼び出され、本人も確認のために警察に出向くとのこと。この家族は外からの危機に対しては連合した対応ができると感じたし、またひろみが約束を守ってくれたことが嬉しかった。マラソンをやっているとこういうときに役に立つと父も上機嫌だ。

前回のご両親の旅行の話題を再び持ち出す。二人がいないときにひろみがリーダーになって三女の世話とか家事とかを取り仕切れないかと聞くと、笑って「できない」と答えるが、今回は面接場面での笑顔が増えている。

ずっと心に秘めていた質問をする時が来たと感じた。「少し変わったことをお聞きしていいですか」と間をおいた後で「小さい頃はどんなことがしたかったのですか。何になりたかったのですか」と母に聞いてみた。

母は答えに窮ししばらく沈黙が支配する。これ以上は無理かなと感じた頃「ふつうのお嫁さんになりたかった」と小さな声が返ってきた。「ということは願いが叶ったということですか」とゆっくりと尋ねた。少しの間のあとで「サラリーマンのです……」と答えた。一同笑いに包まれるが、母の答えはそれ以上は聞き出せなかった。ただひろみは少し驚いたようで笑わずに母を見ていた。それ以降母の口数は少なくなり、うつむいた場面が多くなった。

ひろみになりたいものを聞くと、将来は調理の道に進みたいとの返事だった。父はとても上機嫌になり、自分も将来はレストランの店を持ちたいことを熱っぽく語った。ひろみに「もしかしてお父さんと一緒に料理を作る場面もあり？」と持ちかけると困ったように首を横に振る。母も娘も父の夢は全く知らなかったそうで、特に母親は何ともいえない表情になる。あまり賛成ではないのだろうと思った。そこで、もしそのときが来たら、お母さんやみんなの意見も聞いた方がいいですねとやんわり牽制して終了した。年が明けての一月の最終面接の日取りも和やかに決まった。

終了後の亀口先生を交えたふり返りで、母親への質問を期にしての、母の沈んだ様子が話題になった。松原は「母親のなりたかったものは、母の答えとは違う」との意見だった。私にもそう思われた。亀口先生は「その質問の後でもう少し待てなかったかな」との助言。その言葉は心に深く刺さった。その通りだ。あそこで「なりたいものって子どもの頃はいくつもありますよね」とか言ってもう少し粘れなかったのかと自分の非力を責めた。もし母の本音が聞ければ、この家族はもっと劇的に変化したかも知れない。ほろ苦い後悔の中でひとつの謎が解けたような気がした。それは家族療法に出合ったとき抱いた「どうして月に一度や二度のコミュニケーションのパターンへの介入によって一人ひとりが変われるのか」という疑問だった。それは家族の一人ひとりもまた自分たちの関係を刷新したいと願っているからなのだ。家族療法とはそのささやかな変化の機会の提供なのだと。所詮人は失敗を通して学ぶしかない。しかしそれは完全な失敗であるともいえなかった。中途半端ではあってもその質問が三人それぞれの何かに影響を与えたことは、ひろみの表情や父のその後の多弁さに表れていたからだ。

その頃にはひろみはずいぶん落ち着いてきて、授業も受けるようになり先生とやり合うこともなくなった。進学先の高校の決定もぎりぎり間に合い、最後の三者面談も無事終わった。その時期の中学生は高校進学のリズムに乗れるか否かで決定的に行動が左右される。

実は最後の面接はよく覚えていない。ひろみが校内マラソン大会で上位入賞したことを父が自慢していたこと。少年とは別れてしまったということ。もう高校受験が目の前に迫っていて勉強に精を出していることが話題になった。もうひとつぼんやり記憶していることは、その日は三女を含めて四人の面接だったが、留美ちゃんの傍若無人さは変わらなかった。彼女が部屋から飛び出ようとしたとき、母とともにひろみが留美の手を握って静かに制止した。それが松原の予言した回復の姿だったのかは今となってもよく分からない。しかし父親が機関車のように大家族を引っ張り、母が黙って従い続けるという家族のルールにほんの少し変化が訪れたことだけは間違いなかった。それは正月の家族旅行の行き先に母の希望を優先したとの、父の一言にもはっきりと現れていた。実際すべての子どもたちは大人がほんの少し変わっただけで、見違えるように変化するのだから。

受け入れられないこと

ワーズワースの詩『虹』に「子どもは大人の父である」との有名なフレーズがある。優れた詩は常に、様々な解釈を可能にする。この一節は私には、大人の思議を超えた子どもの感性の鋭さと奥深さを指しているように思える。男と女が出会い新しい家族が生まれる。二人は仕事に精を出し子どもをもうけ懸命に生き抜いてきた。いつしかその中で片方がルールを作り、もう一方を引っ張り家族を守るという関係が定着した。次々に子どもが生まれ家族システムが複雑さを増すにつれ、そういう構図には少し無理が生じはじめていた。もちろん父も母もそんなことには気づかない。母も自分が抑圧しあきらめようとしてきたものについて、つゆほども感じることはなかった。

そんなときだ。次男の家出がはじまった。愛情豊かだが少し弾力性を欠く、中島家のルールを変えることは簡単ではない。次男は家の近くの空き家に寝泊まりを始める、という行為で反旗をひるがえした。彼は何かがおかしいと感じていたが、自分の感情を言葉にはできないのだった。みんなの懇請で「中島家の変わり者」という位置づけで彼は帰ってきた。家族は元通りになるかと思われた。しかし五人の個性を開花させるにはそのシステムには限界が来ていた。母や子どもたちの感性や、お互いの話し合いが必要な時が来ていた。それが亀口先生が指摘した、ライフサイクル上の決定的な時期ということだ。やがてひろみの非行という激しい問題行動につながっていく。彼女もまた兄がなしえなかった変化を無意識に求めていたのだ。いつもそうなのだが、子どもたちは大人があきらめてしまったものを受け入れられない。なぜならば子どもは成長という変化を本質とするから、停滞とあきらめを本能的に拒否するのだ。ひろみは父母の関係の変化を意識的に望んでいた訳ではない。彼女は父も母も大好きだった。ただ父と母の現在の関係を受け入れられなかったのだ。いつしか私は「子どもの問題行動には宝物が隠されている」と感じるようになった。むろんそれは親が逃げないで子どもと悪戦苦闘を続けた場合に限られる。親がそのサインに気づかずごまかし続けていると、事態はしばしば破滅的な結末を招いてしまう。

当時のわたし達は家族システムの見立てが間違っていなかったと喜び合ったものだ。でも今ふり返って見ると、そんな解釈はあくまでも中島家という家族の力動をわたし達の価値観やフレームで切り取ったものにすぎない。あの家族はもっと豊かな光と影があり謎に満ちていた。生きた存在というものはすべからく謎めいていて、言葉でその全貌を捉えることは不可能である。無限の織物の一面の切り取り方が、たまたまうまくいったということであり、そのことは肝に銘じておかなければならない。

その後ひろみは志望の高校にめでたく合格し、卒業式の日に三人で田中先生とともに挨拶に来た。田中先生は「こんなことが起きるから生徒指導はやめられません」とかつての自分の言葉などすっかり忘れたように、日に焼けた顔をくしゃくしゃにした。

里親という生き方　家族の条件

それぞれの事情

子どもには家族が必要である。もし不慮の事故や災害で家族がいなくなってしまったら、代わりに別な家族もしくは家族的な何かを子どもに与えなければならない。優れた保育士が何人いても、最高の児童精神科医や心理士がそろっていても、家族の代わりをすることはできないからだ。ところで家族とは何なのだろう。パートナー間の信頼や愛が家族の土台なのだろうか。それとも親子という血縁こそが、家族を結びつける紐帯なのだろうか。現代ほど家族が多様化している時代はないといわれる。でも多様化というものが、見失った本質を探す試みなのだとしたら、家族を家族たらしめる条件について、改めて問いたくなる。それは子どもの幸福の条件を問うことでもあるからだ。私にとってその問いは忘れがたい痛みを伴っている。そして、その痛みとともに脳裏に浮かぶある家族がある。

二重まぶたの可愛い男の子だった。幾分痩せていたが周囲の子どもたちとは時に喧嘩になるほど元気に遊んでいた。先月の一歳半健診でも順調とのお墨付きをもらっていた。言葉も「アンパンマン」「ダッコ」など活発に出ていた。

「この子は養子縁組の希望なんですね」と乳児院長に確認した。院長は頷いた後で乙武史郎くんの簡単な出生の経緯を教えてくれた。

史郎の母史子は中学三年の秋まではごく普通の生徒だった。筋肉の難病で入院している祖母（史子の母）を姉とともに看病していて時には病院から学校に登校することもあった。その日は母から洋服を買うための金をもらい、スーパーに買い物に出かけた。その帰りに近くの公園によった。公園にたむろする野良猫に餌をやりに茂みに入ったところ、若い男が潜んでいた。車の中に引きずり込まれレイプされた。

彼女はそのことを誰にも言わなかった。疾患で苦しむ母には心配はかけられないと思ったのかも知れない。姉にも黙っていた。姉は職場での人間関係がうまくいかず、一月前に就職先から帰ってきていた。伯母の話から想像するに、母と姉の状況から自分がしっかりしなければと考えていた節がある。史子は事件後も変わらぬ生活を続け、学校での様子にも変化はなかったとのことだ。成績は中くらいで国語が得意だった。ごく普通の目立たない生徒だったようだ。

彼女はやがて自分が妊娠したことに気づいた。ただ誰にも打ち明けることなく月日は過ぎていった。家族も友達も学校の先生達も誰一人気づくことなく……。

出産当日の腹位は八一センチでセーラー服の上からは気づかれにくい体型だったらしい。某高校の食物科への進学を希望し奨学金の手続きも済ませていた。晩秋のとある朝、同級生が迎えに来たとき「おなかが痛いので」と休んだ。後々最大の謎となったのは、彼女が産婦人科に受診した折、付き添ってきた中年の男性の存在であった。史子の母の内縁の夫と称する男は「自分はこの子の親代わりだ」と名乗った。そしてその日のうちに出産となり史郎が生まれたのである。男は出産後も一度面会に訪れている。当然その男による性的虐待が疑われたが、史子は何度聞かれてもきっぱりと否定した。どうしてその男を相談相手に選んだのかは謎のままだった。出産は母と二人の伯母だけの秘密となり、学校でも校長・教頭と担任だけしか事実は知らされなかった。伯母が管轄の児童相談所に相談し、ケースワーカーの提案で養子縁組を前提として施設に預けることになった。病院を訪問したワーカーが「この子は立派な里親を選んで預けます。幸せな家庭で成長するだろうから、今後のことは伯母さんに任せて、不幸な事件は忘れ、自分の人生を大切にするように」との趣旨を伝えたところ、涙を浮かべながら頷いていたという。そのような経過で史郎君は退院と同時に乳児院に預けられたのだった。

子どもを望む人

史郎くんが生まれる二年ほど前、佐藤さんは里親になりたいと相談に来所されている。奥さんは小学校の先生をされていて、ご主人は大手の電力会社に勤務されていた。当時里親には二つの種類があった。養子縁組を前提とした里親と、ある期間を里子として預かり育てる養育里親である。今でこそ里親制度は社会的養護の中核と目され注目を集めつつあるが、その頃は認知度も低く里親を希望する人も極めて少ない時代だった。家庭で育てられない子どもの九割以上が施設入所であり、里親への委託は例外的ともいえる状況だった。子どもの権利条約が批准され、子どもはより家庭に近い環境で育てられることが、子どもの権利だとされた。それに伴い施設は小規模化へと向かい、家庭的養育として里親が脚光を浴びることとなった。最も今でも厚生労働省が施策の中心としていくら力を注いでも、里親への委託数はなかなか増えないのだが。

佐藤さんご夫妻は養子縁組を希望されていた。

養子縁組にも二種類ある。通常の養子縁組と特別養子縁組である。後者は純然たる親子になるという意味で、特別な養子縁組なのである。例えば養子縁組は養子であることが戸籍に明記されるが、特別養子縁組は、普通の人が戸籍を見ても養子であることは判別できないようになっている。縁組の解消も普通の場合は、双方の合意があればすぐにできるが、特別養子は簡単ではない。基本的に親子になる選択の不可逆性を前提とした制度なのだった。だから特別養子縁組を結べるのは子どもが六歳以下の場合に限られ、預かって最低半年間は家庭裁判所が親子関係の適格性を児童相談所に委託して審査する。その審査までの期間、具体的には特別養子縁組が認められるまでの間は、里親登録をして里親として子どもを預かり児童相談所の里親担当職員の指導や助言を受ける必要がある。佐藤さんご夫妻は特別養子縁組を希望されていて、そのための第一歩として里親登録の申請のために来所され、当時里親担当だった私がお会いしたわけである。

申請書を受理したら、その方々が里親として適格であるかどうかを担当者は調査しなければならない。主に申請者の人間性、価値観、申請理由、子どもにとっての居住環境、経済的側面などである。その調査結果を県の審議会に提出し、その審議に合格して初めて里親として登録される。


佐藤さんご夫妻は二人とも知的で感じがよく里親としては申し分なさそうに思えた。妻の香織さんは色白の整った顔立ちだった。ご主人の三郎さんはスポーツマンタイプの恰幅のいい紳士だった。

不妊の原因も調べ、治療も長年続けたがうまくいかなかった。香織さんが四十歳になる前に三郎さんに相談し夫婦で結論を出したとのこと。十数年小学校で子どもたちと接する中で、自分の子どもが欲しいとの思いが年々強くなっていった。まず一人育ててみて、うまくいったらもう一人育てたいとの希望だった。ご主人は普段は奥さんのすることを黙ってみていて、いざとなったら自分も応援するという夫婦関係のように思えた。一つだけ気になったことを聞いてみた。「お二人とも仕事をされています。この点だけが審議会で問題になるかもしれません」

「来年の三月いっぱいで教師を辞める予定です。主人の収入がありますし、子育てに専念するつもりです」と、香織さんはきっぱりと言った。このようにして初回の面接は終了し、申請書の提出、佐藤家への訪問調査と進んだ。所内会議でも申請に異論はなく、翌月の審議会を経て二か月後に里親登録の運びとなった。次のステップは里子の候補者を見つけることだった。香織さんの希望は、第一子は二歳未満の女の子、次が男の子だが、会ってみた印象で逆の順番でもいい、とのことだった。所内で乳児院に措置している子どもたちの中には候補になりそうな子はいなかった。そこで幾つかの乳児院を訪問し、他の児相からの入所で養子縁組が可能な二歳未満の子どもを探すことにした。史郎君と会ったのはそんな時だった。

私は史郎君と佐藤夫妻を会わせてみようと思った。第一希望ではないが史郎君の可愛さなら気に入るかもしれないと考えたのだ。

マッチング

里親と子どものお見合いを「マッチング」と呼ぶ。里親には子どもの出生の経緯等は明かさない。純粋に子どもを見た第一印象で判断してもらう。この子でいいと思えるかどうかがカギである。二歳未満であれば、障害のリスク等も不明で知的能力も判別できないことが多い。だから三歳くらいまで待って預かるという里親もいる。どちらにしても「この子にしよう」と決めるのは里親である。

佐藤ご夫妻は保育室で遊んでいる史郎君を十分ほど声をかけたりしながら見ていた。やがてその場を少しはなれ三十秒ほど二人で言葉を交わしていたが、私達のところに来て、笑顔で「また会いに来ていいですか」と聞いた。最初のマッチングがうまくいくと定期的な面会が始まり、それはたいてい半年から一年ほど続く。子どもが十分に懐《なつ》き、親子の絆が双方に実感されることが何よりも大切だからだ。

「分かりました。では先方の児童相談所の了解をとった上で始めましょう」と院長が言った。

その後は香織さんが二週間に一度、ご夫婦で一月に一度のペースで会いに来られた。まず職員同席で遊びを交えながら関係作りがはじまった。子どもは自分のためにどれだけ時間を割いてくれるかによって、大人の心を本能的に測る。史郎君はしだいに二人に懐き、顔を見ると喜び、別れるときは泣くようになっていった。院長はとても順調ですと太鼓判を押した。四か月ほど過ぎた時に三郎さんに転勤の話が起きた。転勤先は山口県とのことである。本人達も意外だったらしく、転勤前に史郎君を預かれないかとの相談があったが、それはできなかった。行政上の細かな説明は省くが、佐藤さんは山口県で再度里親申請をやり直し、その後こちらからの里親の委託が可能になる。結果として二か月後に山口県での里親登録が認められ、史郎君を委託したのは半年を少し過ぎた頃だった。その間香織さんは二度山口から遠路面会に来ている。いよいよ委託の日がきた。その日は少し早くご夫婦においで頂いて、二つのことをお願いすることにした。

試し行動

「大多数の里子にみられる行動です。一緒に生活が始まってしばらくはとても良い子なのですが、突然わがままになり、いうことを聞かなくなる時期があります。それは二週間から三週間後のことが多いが、子どもによって異なります。始まる時期もその期間もその子によって様々です。

ここが本当に自分の家なのかを本能的に試そうとして親を徹底的に困らせるのです。そうなったら「ああ予定通りだ」と思ってください。怒りすぎてもよくないし、かといって過度に甘やかしわがままを全部認めるのもよくないのです。あわてず騒がず、叱ってもいいですが、余裕を持って接して下さい。そのうちに必ず嘘のように落ち着きます」

「最大でどれぐらい続くものですか?」と三郎さんは聞く。

「その子によって違いますが数か月続く子もいます」

「まあそんなに長い子もいるのですか」

「長くても必ず落ちつくものです。そしてそれからが本当の親子関係のスタートだと思って下さい」ふたりは顔を見合わせていたが、香織さんは「教師の経験からわたし何となく分かるような気がします」と頷いた。

真実告知

「もう一つ大切なことをお話しします。それは真実告知と呼ばれるものです。佐藤さんご夫妻はこれから史郎君を実の親として育てられるわけですが、できればしかるべき時期に、『自分たちは生みの親ではない』という事実を打ち明けてほしいのです。これは沢山の里親さんの経験から生まれた知恵なのです。特別養子であるという事実はどこかで発覚してしまう、という体験が多いのです。突然暴露されたときの子どものショックは計り知れません。だから事前に親の方から真実を伝えておいた方がいいのです」と私は言葉を句切り夫妻の様子をみた。二人とも意外な表情でしばらく黙っていた。明らかに困惑している。

「細心の注意をすれば分からないのが特別養子縁組なんじゃないですか」と香織さん。

「それはそうなのですが、戸籍も専門家が見れば実の親子かどうか判別できるそうです。また絶対秘密だったこともどこかで必ず漏れてしまうものだそうです」

「それでは親子になれないじゃないですか」と三郎さんも納得できかねるように口を挟んだ。

「それがなれるんです。よく聞いて下さい。生みの親ではなくとも『私達はあなたの親です』と確信を持って子どもに伝えるんです」と二人に語りかけた。

「ありのままを話すんです。子どもが欲しかったこと、自分たちの子どもを探し続けたこと。

史郎君を見たとき『ああこの子だ』と思ったことを。そして『私は産んではいないけどあなたの親なの』って自信を持って告げるんです。それは思春期の前、できれば小学二年から三年位までの方がいいと言われています」

「子どもはどんな反応をしますか」と香織さんは聞いた。

「一晩泣く子もいるそうです。二三日黙り込む子もいます。『どうして僕を選んだの』と聞く子どももいます。先輩達が伝えるベストアンサーは『あなたがあなただったから』というものです。やがて子どもたちは以前のようにあかるくなり、血がつながっていない親子の絆が生まれていくのです。これはもちろん義務ではないし、最終的にはお二人が決められることです。あくまで本当の親子として育てられる方もいらっしゃいます。しかし多くの経験はそこから新しい親子関係が築けること、真実を土台にした関係の方が様々な試練に際してより強固であることを教えています」

まだ里親担当の経験が浅い私には、特別養子縁組の最も大切なことを、自分の経験として伝えられないのがもどかしく心苦しかった。

二人ともしばらく黙っていたが、香織さんは「今すぐ結論を出す必要はないですよね」と呟いた。

「もちろんです。まず山口の里親会に加入されて下さい。そこでいろんな先輩の里親さんの体験を聞いて判断されればいいと思います」

「わかりました。まだ先のことだし育てながら二人で話し合います」といつもの笑顔に戻った。そして「私の方からも一つお聞きしたいことがあります。これは私だけのお願いなので別室でもよろしいですか」と言った。

香織さんの質問とは史郎君の生誕に関するものだった。

「主人は余計なことは知らなくてもいいという考えなんです。私もそれでもいいかとも考えましたが、やっぱり知っておくべきだと思ったんです」

今度は私が悩む番だった。

「うーん、難しいですね。知らない方がよかったといわれる方も少なくないからです。これが欧米であれば、親子ともに真実を知る権利があるということで、オープンにするのが当たり前なんですが。生誕の事情までお伝えすべきかはとてもデリケートな問題です」

「これはあくまで私の心の問題なんです。史郎のことを全部わかって育てたいんです。預かる私にだって知る権利はあるでしょう」

私はあらましを話した。母親が現在は高校生であること。意図しない不幸な妊娠だったこと。出産時の彼女が親思いの真面目な生徒だったこと。養子縁組の話を聞き、涙を流したことなどを、事実を注意深く選びながら話した。妊娠の下りのところで微かに香織さんの表情が曇った。しかし聞き終わると穏やかな顔で「わかりました」と頭を下げた。

佐藤ご夫妻はそれから乳児院に赴き、史郎君を引き取った。

その日をもってわたし達は佐藤夫妻に史郎君を預けたのである。

順調な日々

本来なら佐藤夫妻のその後の養育に、史郎君を預かってきた施設とともに、私も助言者として関わるはずだった。しかし佐藤さんは県外に転居されているので、その仕事は転居先の児童相談所にお願いすることとなった。ほどなく佐藤さん夫妻が山口の里親会に入られ、その集まりに参加したとの連絡をもらった。これでケースワーカーとしての私の仕事は終了した。

二か月ほど過ぎた頃、香織さんから電話があった。委託後三週間目に試し行動が始まり一月近く続いた後で嘘のように落ちついたという報告だった。

「人が変わったようでした。ひどく食べ散らかしたり、お漏らしをくり返したり、私の困ることを次から次にくり返しました。事前に聞いていたので、暖かくほったらかしにしていました。そしたら本当にすとんと元のいい子に戻りました」と声を弾ませた。里親会についても、雰囲気もよく暖かく受け入れてもらえたとの報告もあった。もう大丈夫だと思った。そして成功したケースが自分の手を離れていくときの、喜びと寂しさの入り交じった感情を味わったのだった。

その後も年に一度か二度香織さんから近況報告の電話があった。幼稚園に入園できたこと、史郎君の特別養子縁組が成立したこと、そして史郎君が四歳の時、一歳半の女の子を預かり、家族が四人になったことなどを教えてくれた。第二子の聡子ちゃんとも特別養子縁組を結んだとの報告もあった。やがて史郎君が小学校に入学したこと、運動会での様子、多忙な三郎さんがキャチボールを教えたこと等を折々に知らせていただいた。第二子の聡子ちゃんも順調に育っていた。私は香織さんの律儀さに感心しながら、いつしかその報告を心待ちにしていた。三郎さんはとても多忙で帰りも遅く、香織さん一人に子育ての負担がかかっている様子は少し気になったが、彼女なら大丈夫だと安心していた。

佐藤さんが再び転勤になったのは、史郎君が小学四年、聡子ちゃんが一年の時だった。今度の転勤先は大阪とのことだった。三郎さんは会社で幹部候補生と目されていて、そのための転勤らしい。

「子どもたちの環境が大きく変わるのが心配です」と香織さんは不安を漏らした。

「佐藤さんなら大丈夫ですよ。ただ史郎君も思春期にさしかかるので、困ったら大阪の児相に相談して下さいね。それから里親会は大阪でも入られたがいいですよ」と答えたことを覚えている。その後、私も他市の児童相談所の一時保護所に転勤になったこともあり、香織さんからの報告も何時しか途絶えた。

突然の電話

一時保護所の子どもたち全員がやっと寝静まり一息つこうとする夜半、一本の電話が鳴った。それは香織さんからだった。転勤先を前の職場から聞いて電話したとのこと。その声音は暗く別人のようだった。今までの順調な報告とは違うことがすぐ分かった。「どうしたんですか」と挨拶もそこそこに聞いた。史郎君はそのとき中学二年、妹さんが小学六年になっていた。「史郎のことで困り果てています」と声を詰まらせた。夜勤で時間があったこともあり、ゆっくりと話を聞くことができた。そのあらましは次のようなものだった。

都会という環境に慣れるのは親子ともに大変だったが、小学校時代は親子で一つ一つ話し合って乗り越えることができた。友達も数人はできた。成績も悪くなく、お母さん大好きの甘えん坊だったらしい。ところが中学になっていろんなことがうまくいかなくなった。担任の先生が大嫌いだと言い、クラスの雰囲気にも馴染めないと文句ばかりいうようになった。やがて登校しぶりが始まり、時折休むようにもなった。香織さんは担任の男性教師に会い学校での様子を聞いたが、いじめやトラブルらしきものは見あたらなかった。担任にも特別問題があるとも思えなかった。史郎君の性格を説明し、学校での丁寧な対応をお願いした。そのうえで少し強引に家から送り出すことにした。毎朝親子げんかで大変だったが車に乗せ、校門まで送っていくことをくり返した。やがて登校しぶりはなくなり、問題は解決したように見えた。しかし今度は学校から頻繁に電話がかかるようになった。友達と無断で授業を抜け出していなくなるという連絡だった。先生の話では危険なグループとつきあい始めたとのことだった。そのことを問いただすと人が変わったように「うるさいババア」と暴言を吐いた。耳を疑ったが、落ち着いた会話はもはやできなかった。かと思うとべったりと甘えて以前の我が子にもどるのだった。その頃から教師への反抗、喫煙、夜間の徘徊など急速に非行化が進んでいった。その間も香織さんの懇願に「明日からがんばるよ」と泣いて決意することもあった。しかし三日と続かなかった。父親からも何度も諭してもらったが、やはり効き目はなかった。先日は窃盗容疑で警察から呼び出された。その事件で年上の女子高校生との交際と共犯関係が明るみに出た。あまりのことにショックを受け香織さんは寝込んでしまったという。

「こんなことで電話したくはなかったんですけど。もうどうしたらいいか分からなくて」

他人の血

話を聞きながら、思春期における母からの自立が上手くいかず極端な形で現れているのだと思った。濃密な関係にあった母子の分離と自立は様々な問題行動を伴うことが多いものである。

そうであれば父親の出番なのだが、これだけこじれていれば専門的な第三者の支援が不可欠だとも思った。私は最寄りの児童相談所に相談するように勧めた。佐藤夫妻は養子縁組の成立とともに里親会からも退会し、児童相談所との縁も切れていた。

「大丈夫ですよ。思春期はやがて必ず落ちつきます。ただ今の状態では誰かの支援があった方がいいと思います」

香織さんは私の提案を受け入れたが、まだ気にかかることがあった。これだけ激しい行動化をもたらしたのは他にも理由があるのではないか。それは香織さんの心の奥にあるのではないかと思ったのだ。それを尋ねると、彼女は「そうなんです。心のどこかに、史郎に流れている、違う血のことを考えてしまう自分がいるんです」と本音を漏らした。私はそれがどこの家庭にも起こりえる親子の問題であることを言葉を尽くして説明した。香織さんは「そうですね。どうかしていました。明日にでも相談に行ってみます」と納得してくれた。

その後佐藤さんは児童相談所に相談に行き、ご両親で何度か史郎君を伴って通所をしたりした。しかし経過ははかばかしくなく、やがて事態は最悪の結末を迎えた。

その夜も夜勤だった。香織さんから涙声で電話がかかってきた。先日、朝帰りの史郎君と激しい言い争いになった。首筋にうっすらと口紅の跡があり逆上してしまった。言ってはいけないことを口走ってしまった。

「あなたはわたしの子ではないの。わたし達は本物の親子じゃないから、分かり合えないのよ。だからあなたの好きにすればいい」と最悪の真実告知をしてしまったのだ。

史郎君は黙って家を飛び出し今度はずっと帰らなかった。父親は警察と学校に連絡し、心当たりを探し回った。その後運良く警察に補導され、現在は児童相談所の一時保護所に保護されているとのことだった。

私は返す言葉がなかった。香織さんは自分を責めたが、もはや親子関係の修復は難しそうだった。面会には三郎さんが行き、香織さんは行こうとしなかった。史郎君も家に戻ることは拒否しているという。結果として、史郎君は児童養護施設で生活することになった。特別養子縁組は解消の方向で進んでいるとのこと。

最後になった電話でも香織さんは、これまでのお礼を述べいつものように礼儀正しかった。心配になっていた聡子ちゃんの様子を聞くと、「うまくいっています」との返事が返ってきた。妹には真実を話したところ「それでもいいよ」と言ってくれ、最近は「お兄ちゃんにも面会に行こう」と三郎さんを誘ったそうだ。


その後香織さんからの電話は途絶えた。だから佐藤さんたちがどうしているかは分からない。史郎君のことを考える度に心が痛んだ。私が史郎君を佐藤夫妻に引き合わせさえしなければ、こんな不幸は起こらなかったのだから。それ以降、私は里親委託に関して著しく消極的になららざるを得なかった。里親の適格性の調査にもマッチングにも自信が持てなくなった。

佐藤さんは私の出会った人々の中で最も人間性も資質も豊かな里親の一人だった。それなのにこんな結末になるとは。養子や里親は普通の家族システムとは違い、未来を予見することは不可能だと思った。里親は大人との結びつきが施設とは比較にならないほど深い。だからうまくいかないときの双方の挫折も取り返しがつかないものになるのだ。

子どもの権利条約の批准以降、厚生労働省は家庭養育の必要性から、次第に里親委託の推進に舵を切った。しかし私の忸怩《じくじ》たる思いはなくならなかった。

もうひとつの出会い

ある里親との出会いがそれを大きく変えてくれた。それは里親のシンポジウムで知り合った家族である。田村さんは五人の里子を委託され育ててきた。二十年前、四歳の時に預かった長女はすでに看護学生になっている。第二子は生後十一か月で引き取り、初めての授乳やオムツ替えなど苦労したそうだ。その子は小学四年の頃に発達障害*という診断を受けている。発達障

＊発達障害：発達障害者支援法には「自閉症、アスペルガー症候群、その他の広汎性発達障害、学習障害、注意欠陥多動性障害その他これに類する脳機能の障害であって、その症状が通常低年齢において発現するものとして政令で定めるもの」と定義されている。

害とは脳の機能障害によるコミュニケーションや対人関係の様々な不調を特徴とする。それは親の養育態度とは関係なく症状が現れ、子育てには何倍もの知恵と工夫と忍耐力が要求される。更に第三子は成長とともに知的障害であることがわかり、現在は特別支援学校に通っている。第四子も対人関係の苦手さから、第二子と似た素因を感じ、早期に受診したところ同じく発達障害の診断を受けた。さすがにこの時はどうして大変な子ばかり預けるのだろうと、途方にくれたという。また田村さんご家族は普通の養子縁組里親であったため、佐藤さんとは違った様々な苦労を体験させられた。

長女を委託されたときすでに四歳だったため、ご主人とも話し合い全てをオープンにすることに決めた。その当日子どもを授かったお祝いにと紅白の餅をご近所に配ったという。驚いたり奇異な目で見る人もあったらしい。また次女は幼児期から育てたため、里子であることを何度話しても「お母さんのお腹から生まれたの」と聞き分けようとしなかった。第二子が小学六年になる頃、第三子が委託された。「どうして他の子が家に来るの」と聞いてきたので、これがチャンスと思い、もういちど自分たちの関係を話した。やはり納得をしなかったが、長女にも一役買ってもらい、「私も同じだよ」と伝えてもらった。その一言で次女の目に突然涙が溢れてきた。しばらく何を言っても頭を上げなかった。しかし翌日には何もなかったように学校に行き、元通りの関係に戻った。ただ長女も次女も思春期になると、実親に会いたいと訴えるようになり、悩んだあげく児童相談所の仲介で二人とも一度だけ会わせてみた。その後は二人とも落ちついたとのことだ。

やがて田村さんは、難しい子どもを育てることができる里親として評価を受け、「専門里親」を勧められた。専門里親とは被虐待児や非行児等、養育困難な子どもを預かる里親である。田村さんは特別な講習を受けてその資格を取得した。その直後に虐待のトラウマで解離症状のある第五子を預かり、大変な苦労をされることになる。五歳の時に預かったその子のすさまじい試し行動と解離症状が落ち着くまでの数々のエピソードは、それだけでも一章が割けるほどなのだが、それはまた別の機会に譲ろう。現在田村さんは里親としての経験を買われて、ある小学校で子どもたちをサポートする仕事にも就いている。

家族の条件

佐藤さんと田村さんを単純に比較することはできない。

ただ断言できるのは親としての資質や人間性に差はないということだ。では何が二つの家族の辿る道程をまるで違ったものにしたのだろう。まず真実告知の問題がある。ここで二つの家族は明らかに違う選択をしたからだ。告知をすべしという立場には、真実というものは隠しおおせるものではないという深い知恵がある。しかしそれを承知で本物の親子として生きる選択も当然あり得る。

佐藤さんご夫婦はそれを選んだ。その選択が誤りだったとはいえない。ただ、秘密を抱えたままで普通の親子になろうとするのは、より困難な道とならざるを得ない。その場合ともに秘密を共有する家族以外の支援者が傍らにいることが、最低限必要になるのではなかろうか。

ご主人が果たした役割は双方ともよく似ている。事情は違っても母親中心の子育てだったことも同じである。いざとなれば父親としての責任を果たそうとするところや、妻の選択を一貫してサポートする態度もよく似ていた。里親はパートナーの協力なしにはできないからだ。

では何が決定的な違いとなったのか。それは家族を取り巻く子育ての環境である。田村さんの周りには里親会の仲間たちや、児童相談所の心理司やケースワーカー、乳児院や児童養護施設の職員がいた。彼女は素晴らしい里親だったがその人脈にも恵まれていたのである。一方香織さんはご主人の立場上、転勤をくり返さなければならなかった。そこでは香織さんの豊かな人間関係の能力は十分に発揮されなかった。彼女はたった一人で深い秘密を抱いたまま二人の子どもを育てたのだ。香織さんがずっと私に報告を続けてくれていた頃、私はそのサインに無頓着で、単なる信頼関係だと勘違いをしていた。香織さんは秘密の唯一の共有者の私に時々は電話せずにはいられなかったのだ。

最後に、血縁についての私なりの考えを述べておきたい。それが特別な絆であることに異論はない。しかし誰かが誰かを選ぶことも、運命的な絆ではないだろうか。私は両者に本質的な差異はないと思う。何故ならば関係を離れた本質や個性などというものは存在しないからだ。

家族という与件が最初にあるのではない。日々のコミュニケーションと行為によって、私たちは二つとない家族になるのだ。多くの家族が血縁関係に安住しすぎて悲劇が生まれる。

一方で自分たちの意志だけで、家族になるために血のにじむような努力を続けている人々がいる。私たちは夫婦や親子であっても、家族になるための不断の努力と工夫が必要なのだ。ふたつの家族の苦闘の光と影はその最も大切な条件を教えてくれていることだけは間違いない。時折史郎君が、今幾つになり、どんな生活を送っているだろうかと考えることがある。想像の中で彼はすでに大人なのだが、その表情だけは思い描くことができない。

II

零度の約束　初めはふつうの家族だった

人間の残虐性

ドストエフスキーの『カラマーゾフの兄弟』（亀山郁夫訳　光文社刊）で何度も読み返したところがある。それはイワンがアリョーシャに語った劇詩「大審問官」の箇所だ。私はそこに人間の可能性と不可能性のすべてが書きつくされていると思った。イワンの言葉は貧乏学生だった私の心に取り付き、もう少しで反社会的な行動まで引き起こさせるほどだった。

実は大審問官の章の前段でドストエフスキーは巧妙ないくつもの仕掛けをしている。その一つが人間の残虐性と愚かさを際立たせるためにイワンがアリョーシャに繰り返し語る幾つものエピソードである。それは今でいえば児童虐待の事例なのである。例えばイワンは次のように語る。

「人間の多くがある特別な性質を持っている。それは子どもの虐待を好むという性質なんだが、それも相手は子どもに限るんだよ。当の虐待者たちっていうのは、他のすべての人間に対しては、教育のある人道的な西洋人みたいな顔して好意的で優しい態度をとるんだが、子どもを苦しめるのが無性に好きときている。その意味では、子どもそのものを愛しているとも言えるのさ」

その当時私はその言葉を、聖性と獣性に引き裂かれたドストエフスキーの特異な人間観という文脈の中で、抽象的に理解していたような気がする。だから後年仕事を通して現実の様々な虐待の事例に出会ったときは改めて驚いたものだ。そして人の心に潜む悪魔的なものが、暮らしの中で姿を現すのを目にする度に胸を痛めた。しかし恐らく人を愛することと同時に生まれたであろうその感情は、人間の本質に深く関わる何ものかであることを、幾度も思い知らされることとなった。

病院からの通告

その冬はひときわ寒さが厳しかった。クリスマスも過ぎた仕事納めの日の夜のことだ。年の瀬の児童相談所はいつも忙しいものだが、その日は継続中のケースで気になる子どもたちを数件家庭訪問し、安否を確認したほかは平穏な一日だった。年末年始に緊急事態で呼び出されそうなケースも思い浮かばなかった。ビールの栓を抜き一口飲んだところで携帯電話が鳴った。一時保護所の夜勤の保育士さんからだった。ある病院からの通告についての報告だった。その医師は「一応お知らせします」と通告してきたのだという。小学四年の男の子の様子がおかしいと両親が連れてきた。男の子は両足がひどい凍傷にかかっていて、全身状態も衰弱して極度に痩せている。どうしてそうなったのか両親に聞いても要領を得ないとのこと。

私は嫌な予感がしたので保育士からドクターの名前と病院の電話番号を聞き、すぐこちらから電話を掛けた。ドクターの話からその子の深刻な状況がより具体的に判明した。凍傷は場合によっては、両足切断の処置が必要になるほどの重症であるがもう少し治療をしながら様子を見るとのこと。体重は重度の栄養失調と言えるほど痩せている。両親の説明では「この子が食べようとしないんです……」や「ずっと食欲がなくて」とか、「凍傷には気づかなかった」と不自然な話に終始していた。ただふたりとも子どもへの愛情は感じられ、人柄も第一印象では上品な人々だと感じた。子どもはうわごとのような意味不明の言葉が多く、今は聞き取りも無理のように思われる。とにかく緊急入院の処置をとり、現在は両親には帰宅してもらっているとのことだった。

「先生、明日の朝私が病院に伺うまで、どんなことがあっても退院させないでいただけますか」

「それは心配いりません。退院できるような状況ではありませんから」

「もう一つお願いがあります。朝両親の来院の前に子どもさんと会わせていただきますか」

「それは虐待の可能性が強いということですか」

「事情はまだ分かりませんが限りなくリスクが高いと感じます」ドクターは了解した。

翌日は休暇だったが一刻も猶予はできないと感じた。明朝八時の訪問を約束し電話を切った。

課長に電話で概況を伝えたあとで、ぬるくなったビールに氷を入れて飲んだ。

ぼくが悪い

ドクターは夜勤明けで待っていてくれた。まず凍傷について医学的に考えられる理由について聞いてみた。

「脛《すね》から下の足先になるほど凍傷は重くなっています。例えば靴下や靴を履かず脛から下を長時間露出しておけば、今の寒さだったら凍傷になるかもしれません。痩せていることに関してはご両親の話からは摂食障害も考えられます」

「わかりました。本人に会わせて頂けますか」

「幸い今は意識もはっきりしています。短時間ならいいでしょう」

病室の扉を開けると点滴をしている健太郎君の姿が見えた。

確かに骨が浮き出るほど痩せていて、両足はギブス状の包帯で覆われていた。

「健太郎君おはよう。ぼくは○○といいます。少し話してもいいかな」と笑顔で話しかけた。

健太郎君は怪訝な表情で言葉は出ない。

「心配しなくでも大丈夫だよ。ぼくは子どもの困りごとを一緒に解決するのが仕事なんだよ。お医者さんから健太郎君のことを聞いて、心配になって来たんだよ。その脚どうしたの」

「ぼくが悪いんだ」と健太郎君は少しろれつが回らない口調でそう呟いた。「どういうことだい」と聞くと「ぼくが約束を守れないから。お母さんに嘘をついたりするから」とべそをかく。宇宙人が来るとか、お化けが見えるとか意味不明のことも織り交ぜながら、次のようなことを話してくれた。

「どんな約束なの」

「勉強や宿題や、家の手伝いやいろんなこと」

「約束を破ったらどうなるの？」

「ご飯を食べないってお母さんと決めたの」

「それでそんなに痩せちゃったの。足はどうしたの？」

「土間に裸足でずっと立っていて……」

「それも約束を破ったから？」

「最後の約束を破ってしまったから」と嗚咽する。

「お父さんは何も言わなかったの」

「がんばれ！　がんばれって励ましてくれた」

私は愕然としたが、大体の構図が理解できたような気がした。健太郎君はもう一度「僕が悪いから仕方がない」と泣きじゃくった。

「君は悪くないよ。お母さんたちのやり方が間違っているんだ。そんなやり方では誰だって約束を破ってしまうし、嘘をつくようになってしまうよ」

　みるみる困惑した表情が浮かび、悲しそうな顔になる。

「健太郎君、もう大丈夫だよ。正しい方法で頑張れば、嘘をつかなくてもいいし、約束だって守れるようになる」

　そろそろ体力の限界だと感じ、切り上げることにした。

「また来るね。しばらくお母さんとは会えないかもしれないけど、大丈夫だよね。お母さんとは会いたい？」

　彼は悲鳴のような声を出したが、その顔も恐怖に歪んでいた。私はしばらくの間どうすべきかを考えた。即刻、職権での強制的な介入が必要だと思った。場合によっては親の同意がなくとも一時保護をするということである。より具体的に言うと健太郎君は入院中なので病院に一時保護を委託するということになる。一時保護というのは児童相談所だけに与えられている、緊急に子どもの身柄を保護する権限のことである。保護者の権利を一時的に制限することから、子どもの生命の安全の確保のため等の判断の妥当性が要求される。私は、基本的に大人よりも子どもの言い分を信用するというスタンスでこの仕事に関わってきた。疑い深い慎重な人であれば、半分以上は熱に浮かされた言葉として、客観性が担保できるまでは介入できないと判断するかもしれない。でも凍傷とガリガリにやせ細った体と彼の訴えには整合性が認められた。すぐさま相談所の課長と連絡を取った。課長も決断の早い人だった。所長と協議して五分後には一時保護委託の決済を伝えてきた。

応援の職員も一人派遣するとのことだった。

待っていてもらったドクターに一時保護委託という決定を、その制度の説明とともに伝えた。

「しばらくはご両親やご親族も面会は控えてもらいます。そのことをご説明するためにご両親とお話ししたいと思いますので電話番号をお教えいただきますか」

ドクターは驚いたが、両親が退院させると言い出したら、どうするのかと聞いた。

「その時は警察に連絡します。そうならないようにすぐご両親と会う必要があるのです」

両親との面談

電話口に出た母親に名前を名乗り「健太郎君のことで至急お会いしたいので、病院までおいで頂けますか」と伝えた。病院からの通告で健太郎君と面会したことも併せて付け加えた。

「なんであなた方と会う必要があるんですか」と電話の向こうで母親は気色ばんだ。

「私たちは今回のことが、しつけの範囲を超えた、法律に違反する行為だと考えています。ただご両親の言い分も聞いたうえで判断したいのです」

「虐待だというんですか」

「そうかもしれないと考えています」

母親は暫く無言だったが「今から行きます」と言い電話を切った。

一時間後に両親が来院した。私は応援の田中という職員とともに病院の面会室で待っていた。田中君は児童相談所に立ち寄り、所長の公印のある「一時保護（委託）書」を持参していた。

確かに二人とも上品な雰囲気の夫婦だった。父親の眼鏡の奥に不安そうな眼差しが窺えた。紺のブレザーを着た痩せぎすの紳士然とした風貌だった。母親の身だしなみも整っていて、細めの眉と大きな瞳が印象的な女性だった。ただその表情は険しく一触即発の緊張感が漂っていた。

まず父親が口を開いた。

「こうなったのにはそれなりの事情があるんです。それをこの場面だけとらえて虐待だと言われても絶対納得できません」

「もちろん時間をかけてしっかりとご両親の意見もお伺いします。しかし、現実に健太郎君の両足切断の可能性もある凍傷と異常な痩せ症状があります。こういう事実がある以上、そのまま ご家庭にお返しするわけにはいかないのです」

「それってどういうことですか」と母親が聞いた。

私は一時保護委託について説明し、状況を精査したうえで健太郎君が安全だと分かるまで、入院状態のままで児童相談所の管理下に置かれることを説明した。そして一時保護委託の公文書を二人の前に置いた。

「あなた方の決定に納得できない場合はどうすればいいのですか」と母親が意外に冷静な口調

で尋ねた。私は文書の末尾のところを指し示しながら、知事への異議申し立ての制度についても説明した。

「権力には勝てないから従いますけど、私たちが健太郎にしたことは絶対に虐待などではありません。全部あの子のためを思ってのしつけなんです」と彼女は私を睨みつけながら言い放った。

「それがしつけのつもりだったとしても、今の健太郎君の状態からしてうまくいっていなかったことは認めざるを得ないと思います。とにかくこのような状況に立ち至った経緯を詳しくお話しいただけませんか」

「勝手に子どもを拉致しておいて話も何もないだろう。全く医者も医者だ。こんな勝手が法治国家で許されるのか。病状が落ち着いたら即刻退院だ」と父親がまくし立てた。しかしその態度には、母親の手前無理して強がっている印象が窺えた。

「病院はこういう場合、通告しなければならないことが法律で決まっているのです。無理に退院などの強硬手段を取られる場合は警察に連絡することになります」

ふたりは一瞬顔を見合わせた。重苦しい沈黙がその場を支配した。母親も父親を意識しながら口を開いた。

「もういいわよ。この人たちに何を言ったって無駄よ。ところで面会ぐらいはできるんですか」

「しばらく面会も控えていただきます」

「あんまりだわ！　施設に入れるつもりね」と母は憤懣やるかたないように叫んだ。

「それはまだ分かりません。健太郎君の気持ちを第一に、ご両親の言い分もよく聞いたうえで、二度とこんなことが起こらないような方法を考えなければなりません」

「今回のことは誰かに知らせるんですか。例えば主人の職場とか」

幾分軟化した態度で母親は聞いた。

「必要がなければお知らせしません。全面対決になれば、本格的な調査が必要になりますが、現時点ではその予定はありません」

言いかける父親の膝を左手で制しながら、しばらく考えた後で母親は結論を出した。

「わかりました。あなた方がしつけなおせるというのであれば、やって見せてください。ここはおっしゃる通りにします。私たちが二人で試みた方法についても詳しくお話しします」

もちろん挑戦的なニュアンスは込められていたが、一応その場の矛《ほこ》を納めてくれた形になった。

幸いにして健太郎君は両足切断の危機を免れた。痩せ症状も少しずつ回復していった。その後私たちは両親からと健太郎君本人から、またその他の関係者からどうしてこのような事態に立ち至ったのかについて、時間をかけて少しずつ調査を行っていった。その判明した結果については、幾分物語風に紹介してみたい。

二組の連れ子の出会い

父親の高山健治は環境省で働く国家公務員だった。人柄は温和で仕事も有能で職場の評判もよかったらしい。前妻との間に結婚後まもなく健太郎が生まれた。四歳のころ前妻と離婚し健太郎は父に引き取られ、父子は父の祖父母の家で暮らすようになった。当然子どもの養育は祖父母に委ねられるようになり、それは父が再婚するまでの四年ほど続いた。祖父母に養育された子どもは一般的に甘やかされるものだが、一人っ子だった健太郎は特に可愛がられたようだ。

やがて健治は園子と出会い、半年ほどの交際ののち再婚した。園子には二人の連れ子がいた。小学六年の長女の妙子と四年生の次女の美結だった。新しい生活が始まったのは、事件の一年前の秋で、健太郎は三年生だった。暮らし始めて園子はすぐあることに気づいた。それは健太郎が娘たちに比べて、すべての面でわがままでだらしないということだった。園子は二人の子どもを育てる際に「自立」ということを最も大切にしてきた。それは離婚を経験した母親の当然の価値観だったかもしれない。自分のことは自分でする。園子はその一点では絶対に譲らず厳しかった。二人の姉妹は家事も相応に手伝った。洗濯や掃除も分担していたし食事の後片付けも二人が交代でしていた。学校の宿題なども言われなくても済ませるのが当たり前だった。一方健太郎は園子からみると家族で決めた約束事が何一つ守れなかった。机の上の片づけさえできない子だった。例えば一緒に暮らし始めた最初の日曜日にこんなことがあった。園子は午後のおやつにクッキーを作り、子どもたちに三時に食べようと言った。ところがその時刻にはその半分以上がなくなっていた。犯人は健太郎だった。理由を聞かれた健太郎は怪訝そうに「おなかがすいたから」と答えた。母は健太郎をきつく叱った。時間を守れなかったことと姉妹の分まで食べてしまったことを。健太郎からするとなんで怒られるのかもわからなかった。今までは家にあるものはいつだって好きなだけ食べてよかったのだから。

その日の夜に園子は夫と話し合った。妻は健太郎が甘やかされて育ったせいで、身の回りのことが自分でできないこと、必要な約束が守れないことなどを一つ一つ説明した。

「このまま大きくなったら、健太郎が可哀そうだと思うの。子育ては私に任せてくれないかしら。娘たちみたいに年齢相応に自立できる子どもにしたいの」

健治はそれもそうだと思った。祖父母は確かに溺愛ともいえるほど甘やかしていた。

「私は娘たちと同じく愛情を持って育てたい。むしろわが子以上にしっかりと関わりたいの」

それは園子の偽らざる心情でもあった。実の子ではないからと周りからも言われたくなかった。

「しばらくは健太郎には辛いこともあると思うけど、あなたはじっと見ていてほしいの」

「わかった。きみの思うとおりにやってみてくれ。また僕にできることがあれば手伝うから」

と夫は納得した。

翌日学校から帰った健太郎を前にして園子は話し込んだ。彼がその気にならなければ、どんなしつけもうまくいかないと感じたからだ。彼女は真剣に語った。そして健治と同じく健太郎も納得した。今迄の自分ではダメだと反省し、妙子や美結のようになりたいと心から思った。

一週間ほどはよく頑張れた。朝起きも、宿題も、風呂掃除もやれた。おやつの時間も守れた。母からほめられるのも嬉しかった。しかしそれは長くは続かなかった。やがて反動のように再び注意されることが増え始めた。学校への提出物を忘れていたり、宿題をやらずにゲームに夢中になり叱られることから始まった。園子は人一倍よく気が付く性質で、健太郎のミスやごまかしを何一つ見逃さなかった。その一つ一つを容赦なく明るみに出し、手厳しく注意した。健太郎はその都度謝り翌日から頑張ろうと決意した。しかし今までの生活習慣を直ちに改めるのは簡単ではなく毎日何かしら失敗があった。例えば宿題や部屋の片づけができた日は、学校からの書類を園子に手渡すのを忘れてしまい、何故か園子はそのことを知っていて叱られるのだった。園子は最初が肝心だと思い、手を抜かずに追い詰めることが自分の愛情であると信じていた。そのうちに健太郎はどこか諦めに似た感情に流されるようになった。そのことは一層指摘されることを多くした。ある日のこと園子が学校への提出物について健太郎に確認した。彼は出し忘れに気づいたが、思わず「もう出した」と答えてしまった。当然のことながらそれは間もなく園子の知るところとなった。

園子は愕然となった。自堕落でわがままだけではなく平気で嘘をつく子なのだと。父の健治を交えて三人で今後のことを話し合うことにした。

「嘘つきは泥棒のはじまりよ」と園子は決めつけた。

「私もうどうしていいのか分からない。この三か月同じ注意を何度したことか。ねえ健太郎どうするつもり?」

健太郎は涙を流して謝った。健治は困り果てて黙っていた。

「今まで何度も泣いて決意したでしょ。わたし健太郎の涙は信用できないわ」

「確かに母の言うとおりだ。僕はダメな子どもなんだ。でも何とかしなければ父や母に申し訳ない」。彼はそう思い、とっさに思いついたことを口にした。

「今度こそ頑張る。もしまた失敗したら、食事を抜いて下さい。一回失敗したら一食分、二回なら二食分。これなら頑張れると思う」

園子の表情が驚きとともに柔らかくなった。彼女は思わず健太郎を抱きしめた。二人は抱き合ったまま泣いている。健治は迷っていた。「課題を、例えばまず後片付けからと一つに絞って時間をかけて挑戦してみたら」と喉まで出かかっていたが、妻から一喝されそうで逡巡していたのだ。目の前で抱き合う母子に心を打たれ、余計なことは言うまいと思った。そして「健太郎ならきっとできる。お父さんも応援するから」とわが子の肩を叩いた。

その後高山家のしつけは新たな段階に移行した。当然そういう方法で健太郎が園子の期待に応えることはできなかった。むしろそのように子どもを追い詰めるやり方は、事態を悪化させることになった。園子からみた健太郎の問題行動は次第に深刻になっていった。彼は頑張らなければと頭では思うのだが、体はいつも違うことをした。宿題や予習を放り出してゲームに夢中になったり、学校では授業に集中できなくなり、よく先生から注意されるようになった。

健太郎は余計なことは考えないようにした。そのたびに食事を抜けばいいのだから。そう思ってばれない間、好きにすることにしたのだ。一方園子も以前のようにひどく叱ったり追い詰めたりはしないことにした。ペナルティを課しているのだからあとは本人が自覚するしかないと思ったからだ。食事を抜く回数は次第に増えていった。やがて毎日となり、ひどいときには一日何も食べないこともあった。それでも学校に登校できているうちは給食のおかげで体力を保てていた。

四年生の二学期から体調不良で学校を休む日が増えていった。朝から頭痛や眩暈がして起き上がれない日が続いた。病院を受診したところ医師からは「起立性調節障害」と診断され薬を処方された。母はきちんと学校とは連絡を取り合っていたので、学校は家庭訪問をせずに家庭にまかせることにした。父親は国家公務員であり、母親はＰＴＡ副会長という肩書から、誰も心配する人はいなかった。十一月の下旬久しぶりに園子に連れられて登校した健太郎がかなり痩せているのに担任は気づいた。しかし母から食欲がなく心配していると説明され、その理由を聞くことはなかった。

十二月になり健太郎は一層やせ細ったが、冬で衣服に隠れていたせいか、時折登校した日も誰もおかしいとは思わなかったようだ。その頃は食欲そのものが細くなり、あまり食べられなくなっていた。

クリスマスの日のこと。園子は綺麗に部屋を飾り付けテーブルの上には大きなケーキが置かれていた。妙子と美結は母親と買い物に出かけていた。父もまだ帰ってはおらず健太郎は留守番をしていた。そのときそれほどケーキが食べたかった訳でもなかった。彼は自分でも抵抗できない衝動に駆られ、そのケーキをほんの少し食べてみた。

その夜再び家族で話し合いがもたれた。誰が最初に言いだしたのかは不明だが（健太郎は自分で申し出たと後日言った）翌朝からコンクリートの土間にずっと立ち尽くすことになった。高山家には玄関を開けると四畳ほどの土間があり、そこには自転車やゴルフバックなどが置いてあった。

彼はその一角で食事もとらず、素足に靴を履いて立っていた。折からの寒気で土間は冷え冷えとして手足は痛むほどにかじかんだ。その頃は家族全員が正常な判断力を失っていた。ある種の集団的狂気が家族を支配していた。二人の姉は「健ちゃんがんばって」と何度も声をかけた。健治もまた、「大丈夫か」と心配したものの、やはり何度も「がんばれ」と励ましていた。そして二十八日の朝には、次第にふらつくようになり、昼過ぎに崩れるように倒れたのである。両親はさすがに驚き、その日の夕方病院を受診した。

犯人は誰か

お互いに連れ子を伴って再婚した家族をステップファミリーと呼び、児童虐待のリスクの要因の一つとみなす専門家もいる。支配的な片方のパートナーによって偏った育児が強制される結果それは起こる。特に親子に信頼関係が芽生える前の、一方的なしつけは子どもにとっては悲惨な状況になる。誤解のないように付け加えると、ステップファミリーそのものがハイリスクなのではない。仮にお互いの育児観が違っていても、それを認め合い尊重できれば、そこからはより豊かな家族が生まれるからだ。

園子は三人兄弟の次女であった。三人とも成績がよかったが、特に長女と弟は優秀で、仕事も結婚も恵まれていた。結婚に失敗した園子は、子どもを立派に育て上げることに情熱を注いだ。子育てに関してだけは姉弟に負けたくないと思った。

一方健治は一人っ子で何不自由なく育った。身の回りのことは全部母がしてくれ、それがいつしか当たり前になった。最初の結婚がうまく行かなかったのも健治のマザコンのせいだったようだ。

そのことに気づいた園子は、健治の両親と距離をおくことと、金銭面を含め家の中のこと全般を任せてくれることを結婚の条件としてあげた。それは健治にも好都合であった。三十歳を過ぎてさすがに母親の過保護ぶりを煩わしく感じていたからだ。そういう健治には園子がすべてを任せられる頼もしいパートナーに思えた。それはかなり遅すぎる健治の、両親からの自立の試みでもあった。しかし甘える相手が変わっただけで健治は変わらなかった。両親とは次第に疎遠になったが、請われると健太郎君を連れて健治が会いに行った。このようにして高山家の閉鎖的な家族システムが出来上がっていった。

担当の児童心理司は園子が人格障害ではないかと疑っていた。しかし私は「ステップファミリーと人格障害がもたらす虐待」というフレームにどこか違和感を感じていた。二つのフレームは大枠では間違いはないとしても、高山家が陥った狂気の説明としては、如何にも不十分だと思われた。そもそも私には園子が当初から病理的な人格だったのかも疑わしかった。それはもしかしたらどこにでもある再婚家庭で、ふたりとも多少の欠点はあったとしても、普通の人々の範疇だとみなしてもよさそうに思えた。家族の一人一人を見ても、残酷な悪人などはどこにもいなかったのだから。

いつそれは芽生えたのか

健太郎君はひと月ほど病院で治療を受けた。その間は一時保護委託で父母との面会は一切禁止とした。ただ祖父母には面会に来てもらった。その後児童相談所で一時保護となり二週間ほど過ごした。虐待を受けた子どもは、重篤であればあるほど、自分が悪いと思いこんでしまう。担当の児童心理司は彼が病院にいるころから、何度も会いに行き遊びを通じて仲良くなった。そのあとで間違っていたのは両親のしつけの方法であり、彼ではないということを丁寧に教えた。健太郎君は初め極度の混乱に陥ったが、少しずつ受け入れてくれ表情も明るくなっていった。

両親とは私が面接を繰り返した。日がたつにつれて母は自分のやり方が間違っていたと認めるようになった。父も自分が妻を止めるべきだったと後悔した。しかし園子はとても不安定で絶えず相反する感情に支配されていた。単独の面接のときに園子は困ったようにつぶやいたことがある。そのころの健太郎君は一時保護所にいて、健治にだけは面会の許可が与えられていた。お父さんとなら会ってもいいと健太郎君が言うようになったからだ。ところが父親は母親を気にしてか、あまり面会に行かなかった。

「夫が面会に行かないと、なんで行かないのだろう、父親のくせに、と腹が立つんです。ところが面会に行ったら、今度はそれにも腹が立ってしまうんです」

彼女はある時は自分のやり方が間違っていたと涙を流し、別の日には他に方法はなかったと私を睨みつけるのだった。

これでは健太郎君を両親のもとに帰す選択肢はなかった。心身が回復するにつれ、健太郎君は園子を恐れ、家には帰りたくないと口にした。仮に健太郎君が帰りたいと言っても絶対に帰せなかった。今帰れば同じことが繰り返されることは明白だったから。

児童相談所の会議でも園子は治療を受ける必要があるとの意見が出た。しかし彼女だけを治療対象としてもうまくいかないように思えた。健太郎君を瀕死の状態まで追い込んだのは関係そのものの狂気のように思えたからだ。

では、いつからその歯車は回り始めたのだろうか。

健治が「課題を一つ一つ選んで時間をかけて」と喉まで出かかった言葉を飲み込んだ夜に、引き返せない一線を越えてしまったのかもしれない。子どもが育つには、最低二人の違った意見をもつ大人が必要である。しかもその二人の間にはコミュニケーションが存在していなければならない。どんなに有能でも愛情豊かでも、傍らに他者がいなければ、人はその人らしくあることができない。これはむろんひとり親家庭であろうが夫婦そろっていようが、全く関係のない話である。園子にはそのとき他者がいなかったのだ。私は園子と同じ程度の責任が健治にもあるような気がした。家族システムが完全に閉ざされてしまえば、健康な関係もいつしか病的にならざるを得ない。高山家の家族はみんな外へは出ていくのだが、外界から入ってくる人々は皆無に等しかった。そういう意味では孤立と言ってもよかった。

もしかしたら家族療法の出番なのかもしれないと思った。しかしそれが私でないのは明らかだった。それは強制的に介入し親子を分離する機関の仕事ではなかった。また仮に私が中立的な立場で夫婦に出会ったとしても、それを行う自信はなかった。正直に言って自分の力量を超えていると感じた。私は園子と健治に精神科の受診を勧めた。しかし彼女はきっぱりとそれを拒否した。二人は基本的に児童相談所の方針を受けて入れていたから、それ以上の強制力は誰にもなかった。

私たちはかつて健太郎君を育てていた祖父母のもとに彼を帰すことにした。そこならば父の健治はいつでも会うことができ、園子は会えないからだった。祖父母は元々園子との再婚には賛成ではなかった。だから園子のしたことを知ったときは驚愕し憤った。全てを彼女一人のせいにして、健治に離婚を迫ったほどだった。だから園子に会わせないことも、親代わりで長期的に養育することも承諾してくれた。気にかかったのは過保護のことであったが、今はそのほうがいいのかもしれないと思った。

私たちは何度か祖父母宅を訪問し、元気になった健太郎君が転校先の学校に登校を始めた時期にケースを終了した。

親子を引き離すことで、子どもの安全をかろうじて守れただけの、後味の悪い結末であった。ところで、あれほどやせ細っていた健太郎君をどうして学校の先生は誰一人おかしいと気づかなかったのだろうか。その後、様々な虐待事例を経験する中で分かったことがある。どのような傷や打撲痕を発見したとしても、不自然な説明を疑うことのできる眼がなければ決して虐待を見抜くことはできない。子どもは殆どの場合家庭内の自分の惨状を口に出して語ろうとはしないからだ。

疑うことから始まるケースワークとは、家族療法とはまるで対極のものとならざるを得なかった。その後の数年間、虐待ケースの場合は、家族のことは二の次にして、ひたすら子どもの安全だけを守ろうとした。挫折感と無力感は少しずつ私を侵食していたが、いくら考えても他に方法はなかった。

誰にも言えないこと　父と娘の距離

家族の秘密

男と女が出会い一緒に暮らし始める。あるいは入籍して夫婦になる。やがて子どもが生まれる。新しい家族の誕生である。生まれてくる子どもにとって家族は世界そのものである。それぞれの家族には外からはうかがい知れない秘密がある。子どもは家族の秘密によってその子になると言ってもいい。そこが生きるための安全な基地であれば、外界の様々な事件や困難に遭遇しても、団欒や癒しの力によって人は再び元気になることができる。ところがそうでない場合もある。経験的に家族という人間関係に「ふつう」は存在しない。その距離の近さのゆえに愛するか憎しみ合うか、敵か味方か、そのどちらかにならざるをえない。更に自分の家族が子どもの育つ場所としてふさわしくないことがわかった場合、しかし個人としてはパートナーを好きである場合、配偶者は解決困難な悩みを抱えることになるだろう。

時には、より大切なものを守るために、自分たちで築いた家族を壊す決断を迫られることだってある。

女性弁護士はしばしの沈黙の後で、「残念ですが法的な介入の手段はありません」と呟いた。「父親はかつて娘さんの施設入所に同意し、更生のためのカウンセリングも言われたとおりに受けています。

娘さんも施設で三年ほど過ごし、母親が身を寄せた、母方の実家に引き取られました。父親が一緒に暮らしたいと、母親とその祖父母に懇願している。もう自分は変わったのだから信じてほしいと。それが子どもさんにとってとても危険な事態であることは分かりますが……」

「やはり親権停止の申し立てには勝算はありませんか」と念のために聞いてみた。

「証拠が不十分です。小児科の診察結果も疑いの域を出ません。父親はアダルトビデオを一緒に見たことまでは、認めていますが、その他の行為は頑として否定しています。子どもさんも一時保護所や、その後の情緒障害児短期治療施設でのプレイセラピー*等においても、証拠と目されるような具体的なことは何一つ語っていません。

お話をお聞きして、父親が六歳の娘に性的な虐待を加えたことは間違いないと思います。しかし残念ですが、提出された証拠のレベルでは親権の剥奪や停止に持ち込むのは無理です」

半ばボランティアで顧問弁護士を引き受けてくれている彼女の言葉だけに納得せざるを得なかった。

＊プレイセラピー：遊戯療法。遊びを通して子どもの心理治療を行うこと。

「恵ちゃんは何て言っているのですか。もう一度、一時保護はできないのですか」と今度は弁護士が聞いた。

「それが父のことに関しては何も言おうとしないのです。いやだとも、一緒に住みたいとも言わないそうです。一時保護には恵ちゃんは嫌というでしょう。継母も同意しないでしょうし、この時点での強制的な一時保護は虐待の事実がないので無理と言わざるを得ません」

　重苦しい雰囲気のまま会議は終った。

　とにかく早急に父親と会わなければならなかった。しかし父親を思いとどまらせる妙案はどう考えてもなかった。

隘路

　私が恵ちゃんのケースに関わることになったのは、現在の児童相談所に転勤後間もなくのことだった。前任地での三年間は児童虐待のケースが飛躍的に増え始めた頃だった。それは実際の虐待件数の増加というより、虐待が社会問題化し人々の関心の的になり、通告件数が日を追って増大していた時期でもあった。

　児童虐待を繰り返す家族に関しては、クライエントへの受容と信頼関係を基礎に置く、従来のソーシャルワークの支援方法は殆ど役に立たなかった。家族療法もその例外ではないように思えた。子どもが可愛くないとか、イライラして思わず叩いてしまうとか、そのことを自覚し悩んでいる親には支援の糸口があった。しかし虐待を認めないか、それはしつけであると強弁する親との間には支援関係そのものが構築できなかった。そこで私たちは子どもの生命と安全を守ることを最優先課題とし、親や家族の支援は二の次にせざるを得なかった。これは危機介入のケースワーク、父性的ケースワーク等と呼ばれたが、要するに変われない親とは徹底的に対立して子どもを守れというものだった。

重篤なケースは親子を分離し子どもたちは乳児院や児童養護施設入所となった。当然親からはすさまじい反発を食らうことになった。職権による一時保護の後で保護者から「おまえを殺す」との脅迫を受けたことも一度や二度ではない。しかし当時は悪魔のような親から、子どもを守る保安官のような、ある種の高揚感もあった。両親の前では気を遣い様子をうかがっていた子が、強制的な親子分離により一時保護所に向かう車中で「おじちゃん、助けてくれてありがとう」と本音を漏らしたときなどは心底嬉しかったものだ。

虐待は関係の病理であり構造化されている。単なる指導や警告だけでは必ずと言っていいほど再発した。ではどうすれば親の行動を変え、家族のシステムを変化させられるのかを私たちは知らなかった。親たちの中には自らも子ども時代に虐待された母親がいたし、著しく偏った養育観を子どもに押し付ける父親もいた。精神疾患のために子育てができなくなった母親や、子どもの障害を理解できずにしつけとして叩き続ける親もいた。あるいは経済苦による家庭内の暴力の犠牲になった子どもたちもいた。それらの要素が一つの家族に複雑に絡み合っていた場合は、支援は一層困難を極めた。

一方保護された子どもたちも、施設入所後虐待のトラウマの後遺症により施設内で様々なトラブルを引き起こしていた。それにもまして虐待を受けていながら、一時保護には至らない在宅の子どもたちと家族（通告件数の九〇％以上にのぼる）に対しても、私たちは家庭訪問による虐待の告知や指導・警告以外の効果的な援助の方法を知らないのだった。それでも発見できた分だけでも子どもたちを救うために、関係機関のネットワークを作り、様々な強制介入の方法を試みた。

例えば虐待的環境下で生き延びた子どもたちの多くは、思春期になり不登校や非行という問題児として大人の前に姿を現す。そういう子どもたちは大人への不信感により、虐待の事実は告白しても、親元から離れての施設措置には拒否を示すことが多い。当然親も同意するはずがない。そんなときに、学校や警察等の関係機関とケース会議を行い、情報を共有し親子分離という方針の基に保護の機会をうかがう。そして万引き、放置自転車の無断借用とか、その子の微罪の現場を押さえた場合、通常であれば指導ですむところを、身柄付きで児相に通告し連れてきてもらう。一時保護中に子どもと関係を作り、一方で親と施設入所について話し合う。そんな綱渡りのようなことをよくやっていた。強制的な介入に関してはできることは何でもやっていた記憶がある。

ところが数年たつと予想もしなかったことが起きてきた。施設に措置をした子どもたちの多くが、時間がたつにつれ、顔も見たくないと言っていた親に会いたいというようになるのだ。あるいは施設での人間関係がうまく行かず、叩かれても家族のもとに帰りたいと言う子も出てきた。時には施設内で酷いいじめにあう子もいた。

私たちは親子分離以外の家族支援の思想と技術を学ばなければならないという、当たり前の事態に直面したのだった。時を同じくして厚生労働省の運営指針等でも、分離した家族を再統合できなければ子どもの権利は守れない、等という文言が目に付くようになり始めた。初めは現場を知らない官僚の机上の空論に腹立たしさを感じたものだ。しかしそれは認めざるを得ない方向でもあった。

そんな時期に県の主管課の課長から電話があった。分離された家族の再統合に家族療法が使えないかという内容だった。

即答は避けたが、似たようなことを考え始めていた。平成十六年当時、「虐待と家族療法」というキーワードで、論文や事例を探し続けていた。家族支援が避けて通れない以上、家族療法の視点を虐待事例に活かした事例がないかを検索していたところ幾つかの興味深い論文に出合った。

解決志向*と呼ばれる家族療法の枠組みを虐待事例に適用しようとする試みだった。それはニュージーランドのソーシャルワーカーとセラピストが実践の中から導き出した「サインズ・オブ・セーフティ・アプローチ」と呼ばれる取り組みなのだった。理論が初めにあったのではなく、成功例を整理する中で理論化されたという点にも魅力を感じた。支援機関の譲れない一線は堅持しながら、家族の強みや出来ている部分に支援の焦点を当てるという方法だった。ダメなものはダメと明言し、やれている個所は評価し拡大するという一見シンプルな枠組みには家族療法の思想が凝縮されているように思えた。それは言葉を変えれば「虐待は許さないが、虐待する親は人間として尊重する」という本来的ソーシャルワークの復権という一面も備えていた。

虐待する親の、うまくやれている子育ての部分を評価したうえで、親子の分離を行ったところ、親との関係が決定的な破綻までは至らず、叩かない子育てへの親の工夫と努力を生み、子どもを親元に返せたという幾つかの事例があった。そこには「虐待しない子育て」という共通のゴールに向かい、支援者と親がパートナーシップを構築する理念があった。

ウィリアム・ブレイクの「対立の中の友情」という言葉を思い起こした。それしかないと思った。私たちは虐待の事実に圧倒され、いつしか親の全人格を否定してしまっていた。子ど

＊解決志向：家族療法から生まれた心理療法の一つ。問題や病理、原因にこだわるのではなくクライエントの強さや解決のイメージに焦点を絞る方法。技法がシンプルなために学習しやすく幅広く活用されている。

もと家族をリスクと強みの双方から捉えなおすとき、家族の相貌は一変する。再統合だけではなく、初期介入や在宅ケースの支援においても、その視点を持つことにより、支援できるケースが増えていくような気がした。そんな時期に課長として赴任し、恵ちゃんのケースに出合ったのである。

正直言って恵ちゃんの父親は異常性愛者であり、許すことのできないモンスターだとの思いは禁じえなかった。その男を法律で縛ることは今となってはできない。そのモンスターと話し合う以外の方法はないのだった。

二十センチ近くの厚さに膨らんだケース記録を初めから読み直してみようと思った。分からないところは当時の担当者に聞けばいい。恵ちゃんを守るためには、事件の発端と恵ちゃんの家族について、とりわけ父親についてもっと深く知らなければならなかった。

発端

継母の早紀さんと祖母が二人して児童相談所を訪れたことがことの発端だった。三十五歳の父親と六歳になる娘に関する相談だった。二人の関係がおかしいという。最初に気づいたのは早紀さんだった。二人がいつまでも風呂から上がらないのでチラッと覗いてみた。すると脱衣場で父親の股間辺りで子どもの頭が動いていて異常を感じたというのだ。早紀さんは出産後の体調が思わしくなく数か月間実家に帰っていた。実家から帰ってまもなく、買い物から帰ると父親がアダルトビデオを見ていて傍らに恵ちゃんが座っていた。何をしているのととがめると「恵が喜ぶんだ」と笑って取り合わない。そんなことがあった後のことで早紀さんはただ事ではないと思った。彼女は悩んだあげく、そのことを姑である祖母に打ち明けた。言下に否定されると思ったのだが祖母もまた同じ心配をしていた。祖母も早紀さんが里帰りしている期間にビデオに関して同じような場面を何度か目撃していた。しかし腰を抜かすほど驚いたのは、恵ちゃんが祖母に突然ディープキスをしたことだった。

二人はどうしたものかと話し合ったが結論が出なかった。父親の博樹に直接言っても切れられそうな気がした。博樹は普段は無口だが背丈が大きく力も強かった。一度だけ殴られたこともあった。祖父に相談しても相手にしてもらえないのは明らかだった。祖父自身が孫に自分の性器を握らせて喜んでいるような人だったからだ。早紀さんは最初の夫から暴力を振るわれたとき、警察と婦人相談所に相談したことがあり、その時の担当者に電話したところ児童相談所を紹介されたのである。

児童相談所の担当ケースワーカーも女性であり、二人の通告には驚いたが、訴えの内容は事実として受け止めてくれた。すぐに所内で会議が行われたが、父親を呼び出して介入するには、もう少し証拠が必要との結論になった。また早紀さんも父親が怖いので一時保護には反対だった。そこで、まず父親と恵ちゃんが二人だけにならないように注意することと、おかしなことがあったら、日付や時間も明確にしてメモを取り、場合によっては恵ちゃんを連れて来所する

その日から二週間ほど経った日の午前中、早紀さんが恵ちゃんを伴って慌ただしく来所した。今朝の恵ちゃんの様子がおかしいとのこと。放心状態のその表情に何かがあったことを感じたという。早紀さんが心配して尋ねると、父親との行為らしきことを口にした。担当者は性器の挿入が行われたのではと疑った。早紀さんもそう思っていたようだ。

当時の児童相談所はまだ性的虐待についての経験も少なく、子どもへの面接技法などもまだ研修を受ける機会もない時代だった。担当者はすぐさま恵ちゃんに何をされたのかを聞いた。恵ちゃんは早紀さんに促されても、緊張のあまり何も語ろうとはしなかった。今考えれば母の面前で直ちに事実を確かめるのは無理であった。そこで市内の総合病院を受診し、小児科で診てもらったが虐待の確たる証拠は得られなかった。それでも相談所は即刻一時保護を決定した。

そしてその旨を父親の博樹に直接伝え来所を促した。祖父と父親がその日の夜に興奮して来所した。父親は性的な虐待を強く否定した。特に祖父は孫を返せと猛り狂った。しかし立派だったのは二人の女性たちだった。早紀さんも祖母も自分たちが見たことを、勇気を奮って語ってくれたのだった。父親は仕方なく娘にアダルトビデオを見せたことまでは白状した。「娘が喜ぶので」と言葉少なに語り、それ以上は黙り続けた。それが性的虐待に当たると指摘

されても、ポカンとした顔をしていた。祖父はそれ位何が悪いのかと開き直ったが、最終的にはしぶしぶ一時保護には同意することとなった。

それぞれの関わり

ふつうは記録には書かないことなのだが、当時の担当者の大原は恵ちゃんの際立った可愛さについて「瞳の大きなアニメの主人公のようだ」とか「幼児なのに女性の色気を感じる」とか記述している。恵ちゃんは家じゅうの大人たちから可愛がられていたようだ。ただ幼児には珍しいことなのだが、一時保護所の生活に慣れた後も、大人への警戒感は解けることがなく、保育士や心理司には心を閉ざしていた。会話や遊びにはふつうに応じるのだが、特定の誰かに甘えたり懐《なつ》いたりはしなかった。そして父親からされたことに関しては口を開かなかった。

中野心理司は悩んでいた。恵ちゃんの様子からは、父親に口止めされていることは間違いないと判断された。そして三週間という一時保護の期間に自然にその心を開くことはできないだろうと思われた。その中でできることはないのかと考え抜いた。口止めされているとしたら、ストレートに聞いても答えは同じだろうと推察した。そして年齢を配慮し、人形を使った面接を試みることにした。そこで彼女は二体の人形を用いていじめの場面を演じて見せた。

次に、誰にも言うなと口止めされて、泣いている女の子に大人が通りかかり尋ねる場面を構成した。そういう設定で一緒にその状況を考えてみることにしたのだ。

恵ちゃんは途中までは比較的意欲がなかったのだが、[illegible]んだ。珍しく笑顔にもなった。だから人形劇にも抵抗なく移ることができた。

恵ちゃんは興味深そうに人形の動きと、セリフに聞き入っている。

関係のない身近な場面を設定して、一緒に考えてみるというやり方は功を奏した。恵ちゃんは年齢に比して大人びていて、理解力も豊かだったからだ。

記録から判断する限りでは、中野はそこでこういう趣旨のことを説明している。

この子はその友達のことは好きだ。

でもその子からいじめられることは嫌だ。

友達から『絶対に誰にも言うな』と脅かされている。

恵ちゃんは興味深そうに聞いていた。

中野は、この子の様子がおかしいことを大人たちが心配していること。でも事情が分からないから、見当違いのことばかり聞いて、女の子を助けられないことを、セリフのやり取りを通して説明した。

最後に、同じことが今後も繰り返されることに触れ、この子はこのままではずっといじめを受けること。いじめをやめさせる方法はないのか。等々を短くわかりやすい言葉で人形に語らせた。

そのあとで「おかしくない？」と問いかけた。

ながい沈黙のあとで、恵ちゃんはこっくりとうなずいた。

それは一つの種子が植えられた瞬間だった。その譬《たと》えによって、彼女には消えることのない疑問が芽生えた。


もちろん担当者の大原も保護所を訪ねては、その人懐っこいキャラクターで恵ちゃんを何度も吹き出させていたし、交代勤務の保育士全員も、看護師も、食事を提供する調理師さんもそれぞれの立場で最大限のハートとスキルで関わり続けたことは言うまでもない。それらは言葉にならない無条件の大人の好意として恵ちゃんの心に刻まれた。

その後の長い年月を、恵ちゃんが紆余曲折の中で、父親と一定の距離をとり続けられたのは、こういう関りによるところが大きい。

父親は祖父の代からの花火職人であったが、その腕を買われ花火製造の会社に勤務していた。額や腕には数か所、やけどの跡があり、見るからに怖そうな風貌だった。無口で普段はおとなしいが、切れたら怖いという早紀さんの言葉を裏付けるような雰囲気が漂っていた
何度会議をしても親子を分離し恵ちゃんを施設に入れる以外の選択肢はなかった。ただ性行為の明確な証拠はなく、母と祖母の証言と、父親のアダルトビデオに関する供述だけが虐待の

証拠だった。もし家族の同意がない場合には、家庭裁判所に施設入所に関する審判の申し立てを行うという方針が固まった。弁護士に相談したところ勝算ありとの助言もそれを後押しした。そこで同意の入所か、裁判に付すかを選択するよう祖父と父親に迫った。家族会議が行われ、結果的に同意による入所となった。父親はその間精神科の医師によるカウンセリングを受けることにも同意した。施設への入所を告げた時、恵ちゃんは黙ったまま涙を流したという。

「この子は何も悪いことはしていないのに、どうしてこの子が出ていかなくてはならないのか」

担当者もまた割り切れない思いに駆られていた。

父親は児童相談所の方針に対しては、その後もおとなしく従った。娘を返してもらうためには、なんでも言うことを聞くという態度だった。当時県下の児童相談所にはメディカル・スーパーバイザーとして精神科医等が嘱託で配置されていた。ドクターの来所日に合わせ月に一度、一年ほどカウンセリングをお願いした。ドクターは「こういうのはカウンセリングで治るものではないからねぇ」と苦笑しながらも、丁寧な心理教育のプログラムを組んでくれた。

父親は十二回の心理面接を一度もさぼることなく終了した。そして最後に「もう返していただけませんか」と懇願した。

恵ちゃんは施設で定期的にプレイセラピーを受けていた。児童精神科のドクターの診療も受けていた。施設での生活や友達付き合いもそつなくこなし、取り立てて問題は起きなかった。彼女は翌年施設から小学校に入学している。三年ほど経過すると恵ちゃんは、家に帰りたいと言うようになった。

確かに恵ちゃんが施設にいなければならない理由は、父親以外にはないのだった。その頃早紀さんは自分の実家に帰り、父親とは別居状態になっていた。児童相談所は正直困り果てていた。ケース記録には当時担当者が、博樹の前妻である恵ちゃんの実母に接触した経緯も残っている。実母に親権を請求する意志がないかどうかを確かめたのだ。実母は恵ちゃんのことをとても心配したが既に再婚していて、にわかに行為を起こすのは困難であった。

結論として早紀さんのいる実家になら、恵ちゃんを返してもいいとの結論になった。そして三年の新学期に恵ちゃんは早紀さんの実家に帰っている。

新たな心配

恐れていたことはすぐ起こった。父親の博樹が早紀さんの家から車で十分ほどの近くのアパートに引っ越し、一人で生活を始めたのだ。赴任して間もない私は担当の[illegible]にすぐに家庭訪問をして、恵ちゃんに会わないように釘を刺した。しかし「私は言われたとおりのことは全部その通りにしました。どうして会うことができないのですか」と抗議されると、返す言葉に詰まった。

その後博樹は約束を守っているようだったが、早紀さんはそれにほだされたのか、食事を作って持っていくようになった。恐らく夫への愛情はまだ残っているのだろうと思われた。早紀さんの祖父母も態度を軟化させている気配が伝わってきていた。早紀さんの祖父は法務局の調査官をしていた人で、退職後も地域の名士的な存在であり、最初は私たちの心配をよく理解してくれていた。そういう状況下での父親の新たな行動なのだった。やがて祖父母も「アパートは危ないけど、家なら私たちの目があるから大丈夫だよ」と言い始めた。早紀さんは今回も悩んだ挙句、そのことを正直に相談に来てくれたのだった。ちなみに早紀さんは博樹との間に生まれた三歳の妹の真紀ちゃんも一緒に養育していた。

私は時々会うぐらいは仕方がないとも思った。でも一緒に住むのは絶対に阻まなくてはならない。でもどうやって。ケース記録を読みながら、父親の「強み・長所」を探そうとした。家族の「強み」から見える何かがあるはずだ。

父親の博樹は社会人としては非の打ち所がないと言ってよかった。

会社勤めとなってからは十年ほど無遅刻無欠勤であった。花火職人としての腕だけでなく、職場の信頼も厚かったようである。それは性犯罪やドメスティックバイオレンスを繰り返す男性にとりわけ珍しいことではなかった。私はそれまでそういう一面は、その男の怪物性を覆い隠すカムフラージュとしてしか見ていなかったような気がする。それから記録を読むうちにもう一つの長所が明らかになった。それは不本意ではあっても決められた約束は、一度も破っていないということだった。それは娘を取り返したい一心からではあったかもしれない。そうだとしても、彼はカウンセリングや通所で一度たりともキャンセルや遅刻がないのだ。先日の「会うな」という指導さえも破ったということは聞いていない。ということは本人にきちんと約束をさせることが今後の恵ちゃんの最大の安全につながるのではないかと思ったのである。

夜の面接

私たちは博樹の帰る時刻を見計らってアパートを訪ねた。もちろんそのことは事前に彼には知らせていた。私も担当の田辺もかなり緊張していた。ドアを開けた博樹の表情もこわばっていた。

「そこでいいですか」と彼は居間のテーブルを指さした。

「ああ、ここで十分ですよ。お忙しい中で時間を取ってくださりありがとうございます。奥さんで食事を作ってくださっているのですね」

食堂のテーブルにはまだ温かみの残る夕食が用意してあった。男所帯にしてはよく片付けられていた。早紀さんが身の回りのこともしているのではと感じた。

「夕食だけですけど助かっています」

珍しく返事があった。私は単刀直入に話を始めることにした。

「今日は大切な用件があって伺いました。あなたのことを少しでも理解したいと考え、今までの記録などから自分なりにあなたのことを調べさせていただきました」

彼の顔にはより強い警戒と緊張が広がった。

「その結果、あなたが職場ではずっと模範的な社会人であること、それに職人としての技術が申し分ないこと。加えて上司や同僚の信頼も厚いことがよくわかりました。それからあなたがきちんと約束を守る人であることも、前任者の記録から分かりました」

意外な展開に思わず表情が微かにゆるむのが見て取れた。すかさず次のように話しを進めた。

「だけどお子さんのことに関してだけは、記録から判断する限りやはり絶対に信頼できません。そこで私たちももう一度所としての方針を再確認することにしました。今日はあなたにそれをお伝えします。あとはご自分で判断されてください」

再び戸惑いと警戒感が表情を険しくさせた。

「もし今後あなたが恵ちゃんと奥さんとあくまで一緒に暮らそうとされる場合は、私たちは家庭裁判所に親権剥奪の申し立てを行います。恵ちゃんをこれ以上危険にさらすわけにはいかないからです。またあなた自身をも不幸にすると思うからです。正直言って私たちが勝訴するとはかぎりません。でも勝っても負けても必ずそうします。それが一つです。それから次にあなたがそのことを断念されるならば、私たちはあなたを信頼して申し立ては起こしません」

長い沈黙が流れた。彼は私を見、そして自分の足元を見た。そして言った。

「いつまでそうしなければならないのですか？」

「今ははっきりと申し上げられません。恵ちゃんが成長して自分の身を自分で守れるようになったら状況は変わると思います」

再び重苦しい沈黙が支配した。彼は天を仰ぎ、やがて再びうつむいた。そして「一緒には住みません」と一言呟いた。

「ほんとうですね。約束しますか」と念を押した。

彼は黙ってうなずいた。

居場所を求めて

その夜の面接がうまくいったかどうかは、その時は分からないままだった。二か月たち、半年がたっても父親が動く気配はなかった。その頃になって私たちはあの夜の「約束」が生きているのかもしれないと感じ始めたのである。私はその後二年間課長として勤務したが、その間ケースは大きく動いた。それは早紀さんが離婚を決断したことだった。詳細は不明だったが、ずいぶん悩んだ末の決断だったらしい。それに伴い博樹はもとの実家に帰っている。博樹がすんなり離婚を受け入れたことは意外だったが、当然親権は問題となった。博樹がいち早く実家に転居したのはそのことへの判断もあったのではなかろうか。双方が親権を主張した。当然、調査官へは私たち児童相談所の意見を伝えた。結果として恵ちゃんと美樹ちゃんの親権を早紀さんは取得した。一つだけ問題として残ったのは早紀さんが恵ちゃんの継母であるということだった。

恵ちゃんの実家ははたして彼女にとって本当の居場所なのだろうかと、担当の田辺ワーカーは心配していた。早紀さんもそのことは気にかかっていたという。そこで田辺は何度か恵ちゃん宅を訪問し、恵ちゃんの本音を聞こうとした。「みんなはよくしてくれるけど……」と暗にそこが自分の居場所ではないことを仄めかした。その頃から早紀さんは恵ちゃんの実母と連絡を取るようになった。親権問題のとき接触する機会があったらしい。もしかしたら早紀さんの祖父の助言もあったのかもしれない。

やがて恵ちゃんは週末などに実母の家に泊まりに行くようになった。それは二人の母親と子どもの間で話し合われたことで、相談所が指導や助言をしたという事実はない。ただ二人の間には博樹という男を巡って通じ合うものがあったようだ。

私はその二年後に移動となったが、恵ちゃんが実母のもとに引き取られたことを聞いたのは、それから数年のちのことであった。

かつて出会った、娘に性的虐待を繰り返す父親には様々なタイプが存在しているが、共通していることがある。それが単なる性の問題ではないということだ。それは家庭内や社会での満たされぬ支配欲であったり、鬱屈した攻撃性だったり未分化な感情だったりするのだが、しつけや教育とか遊びとかの衣をまとっていることが多い。いずれにしても性的な支配は無垢で無力な子どもをコントロールするのに最も効果的な方法である。未熟な人格にとっては、大人の女性より子どものほうが遥かにコントロールすることが容易で満足も大きいはずだからだ。

当然それは暴力とも見分けがたく近接していて、しばしば身体的な虐待を伴うことも少なくない。

もう一つは近親相姦という社会的なタブーを犯すことへの意識的、無意識的な快感が存在するような気がする。

博樹の場合がそれに当てはまるかどうかは過去の記録からだけでは判然としないが、それほど外れてもいないような気がする。ただ彼の育った家庭ではもともと性的なけじめや倫理が希薄だったことは推察できる。男性が風呂上りに素っ裸で居間を歩き回ったり、アダルトビデオを公然と見ることが当たり前の文化としてそこに広がっていた。人は誰でも自分の当たり前のおかしさには気づかない。外から来た人のみがそれに気づく。

そのことに驚いたのが恐らく祖母や早紀さんだった。早紀さんが祖母に相談するという選択をしたのは、日ごろからその異常さを話し合う機会があったのかもしれない。

今回深く思い当たったのは、家族の持つ健康な側面に焦点を当てることの大切さだった。発端からしてこのケースは、継母と祖母の心配と勇気ある通報から明るみに出たのだ。ＤＶで離婚経験のある早紀さんの決断と早紀さんを支持した祖母の賢明さ、さらに恵ちゃんを実母に返すという支援の道筋は専門家のそれを上回る見事さだった。早紀さんについては離婚を二度も経験した、男運の悪い不幸な女性という見方もできるだろう。しかし、それよりも私は彼女の決然とした勇気に着目したい。恵ちゃんと真紀ちゃんを守るための離婚という選択は彼女の自立への意志の表明でもあった。それは人生の度重なる失敗から、新しい何かを学び取る賢さと地続きの可能性である。

そして父親の博樹に関しても、その健全さや長所はそのまま評価して、その上で対立点をはっきりさせたことが、結果として抑止につながったのは間違いなかった。博樹の内部には怪物的としかいいようのない未分化な性衝動があった。しかし恐らく彼にはそれを悔い返す良心も存在した。それは一緒に暮らすことを選択しなかったことからも窺える。彼がその衝動を恵ちゃんに向けないためには別居という「距離」しかなかった。彼がそれを受け入れたのは、そのことへの自覚もあったからだと思いたい。いずれにしても彼とモンスターとしてのみ対峙していたら結末は違っていたに違いない。私の中で家族療法が新しい姿で蘇った瞬間だった。むろん解決志向的な手法ですべてのケースが解決するわけはない。ただうまく支援できるケースが増えていくという手応えはあった。

最後に恵ちゃんに関して一言述べておきたい。最大の被害者は恵ちゃんなのだから。子どもも性的なことに興味や好奇心を抱くのだと思われる向きもあるかもしれない。

例えば父親からアダルトビデオを見せられた幼児はどう反応するだろうか。確信を持って言えるのは多くの子どもが「面白がる」ということである。子どもはそれを最初から卑猥だなどとは思わないものだ。ましてそれが大好きなお父さんが見ていたらなおさらである。そしてその映像は強烈に脳に刻まれる。同じことをしてと、子どもからねだることだって不思議ではない。それは「母さんには内緒だよ」という言葉とともに子どもの心身を蝕んでいく。

自分が父としていたことが悪いことだったのだと、教えられた後の出来事は、恵ちゃんにとっては理不尽極まりないものであった。彼女のその後の長い沈黙は恵ちゃんが抱え込んだ葛藤の深さを示して余りある。

ただ救いだったのは祖母や継母、そして実母の子どもを守ろうとする一貫した態度だった。三人の女性たちの行為は、悪いのは父親であって自分ではないという大切なメッセージをわかりやすく伝えていたからだ。一度だけ早紀さんの実家で、遊んでいる恵ちゃんを見たことがある。その端正な横顔に刻まれた憂いの痕跡は今でも忘れられない。恵ちゃんが自分を責めることなく大人への道を歩んでいることを祈りたい。

消えない炎　別れた家族が集まるとき

放火事件

その子はライターの小さな炎をいつまでも眺めていた。父は夕食を作ると決まって出かけた。兄はまだ帰っていない。チロチロと揺らめく青白い炎をきれいだとも思った。習慣といえるほど頻繁ではなかったが時折そうやって遊ぶようになった。小学校三年の頃からだったように記憶する。そのうち新聞紙やビニールなどを燃やして遊ぶようになった。

五年生のとき、友達と一緒に家の近所の空き地の枯れ草に火をつけた。どんなふうに燃えるか試してみたかった。火の勢いは強く予想以上の広さに燃え広がった。目撃者が通報しそれは事件となった。父親は激しく怒り何度も叩いた。警察、消防、児童相談所からも呼び出され注意を受けた。さすがに後悔しその遊びは止めようと思った。

中学になって、友達からターボライターをもらった。しばらくは机の中に隠していた。五月の連休明けのある夜、一人で宿題をしていた。祖母は別室でテレビを見ていて、父も兄もいなかった。自然に引き出しのライターに手が伸びる。着火するとぼっと火がともった。内燃式の強力な火力に部屋中が輝いたように感じた。「ああ、いいな」と感じ炎に見入っていた。暫くしてゲームセンターのＵＦＯキャッチャーでジッポライターを手に入れたときはうれしかった。タバコを吸うわけではなかったが、再び火を眺めるようになった。

その日は特にむしゃくしゃしていたわけでもない。何故かポケットの中にマッチが入っていたのだ。急に火遊びをしたくなり友達を誘った。古新聞を空き地で燃やした。それは激しく燃え上がり風と共に宙に舞った。少年たちは歓声をあげた。何かが弾けた。次にピンポン玉を燃やしてみた。黒い煙とともにかすかな炎が球体を侵食してくすぶった。もっといろんなものを燃やしたくなった。近くの納屋の軒先に麦藁の束が下げられていた。乾いていて燃えそうな気がした。友達の一人が「やばいよ」と止めたがかまわずに火をつけた。下のほうから半分ほど焼け、軒には届かなかった。他の二人はもう一度止めた。少年は大丈夫だよと笑った。二人はその場からいなくなり一人になった。納屋のすぐそばに古新聞の束や乾いた木切れや竹くずが集められていた。その横には古い布団も積まれていた。竹くずの間に新聞紙を押し込み、身をかがめて火をつけた。それはゆっくりと燃え始めた。少年は放心したように徐々に広がっていく火の輪を眺めていた。途中で火勢が衰え納屋の手前で燃え尽きたように思えた。少年は我に返ったように、帰らなければと思いその場を後にした。何かがはじける音と、きな臭いにおいがした。振り返ると納屋の方角で黒煙が上っていた。引き返すとか誰かに知らせるという考えは思い浮かばなかった。彼は恐怖にかられ家を目指し一目散に逃げた。

会議の結論はなかなか出なかった。とはいっても一人を除いては方針は同じだったのだが。心理判定員の松原だけが譲らなかった。

放火事件により身柄付きで警察から通告を受けた少年の処遇をめぐる会議だった。彼はそのまま一時保護となりすでに一か月が経過していた。彼の処遇をどうするかで意見が割れていたのだ。

納屋を一棟燃やしてしまっていた。母屋は類焼を免れていたがそれは幸運以外の何ものでもなかった。

通告書によれば放火は一度ではなかった。さらに小学五年の頃にも失火で触法通告があっていた。当然警察の処遇意見は児童自立支援施設への措置入所であった。放火という事件の性質上その地域に住めなくなるのは仕方のないことだった。その少年、将平は一時保護所での生活はこれといった問題はなかった。勉強は苦手だが、卓球やバトミントンの得意な中学二年生だった。

私も事件の大きさからみて、施設入所は避けられないだろうと考えていた。

「施設に入っても彼の問題は何も解決しません。施設では何の問題も起こさないでしょう。しかし帰ってきたらまた同じことを繰り返します。それよりも在宅で通所を行い家族療法を実施します」

確かに本質的にはそのほうがいいと思われた。しかし通所の途中で事件の再発でもあったら取り返しがつかない。所長はそのことが心配に違いない。

「フロイトは、放火は性的な意味を持つといっています。彼の場合は父親との関係にその原因があるように思います。だからといって父子関係だけを扱っても問題は解決しません。やはり家族の問題なんです」

「でもこの家族は離婚していて家族療法は難しいでしょう」と私は口をはさんだ。

「確かにこの家族は離婚しています。父親と二人の息子と祖母の家族と、母親と妹の二組の家族に分かれています。しかし母親はとても将平のことを心配していて、自分にできることは何でも協力するといっています」

「ということは二組の家族の合同面接ができるということ？」

私はその提案にはとても心を動かされた。しかしとてもデリケートな面接になるだろうと想像した。

立場上私がいずれかに決定しなければならなかった。思い切って松原の見立てを選ぼうと思った。所長も地域や学校が納得してくれればとの条件付きで認めてくれた。

会議が終わると松原が笑顔で近づいてきて言った。

「課長もう一つお願いがあるの。毎回の家族面接も課長にお願いしたいの」

「ええっ、松原さんと一緒に？」

「いえ。担当の前園さんと一緒にお願いしたいの。私はマジックミラーの向こうから参加します。前園さんにはもちろんそれ以外の調査や準備は、これまで通りやってもらいます。しかしまだ家族面接の経験は浅いから今回のケースを通して彼女を育ててほしいの」

「まいったなぁ。最初からそういう魂胆だったのか」

昨年まで某児童相談所で判定課長をしていて、退職後の再任用で赴任してきた彼女の能力と経験にはずいぶん助けられていた。加えて以前には家族療法を二人でよくやっていたこともあり、断りづらくもあった。しかしそれ以上に興味もかきたてられた。

松原はそれを見越したように「家族療法家としての血が騒ぐでしょ」と笑った。

幸い地域や学校は何とか説得できそうだった。父親が地域の活動には普段からよく協力していたこともあり、被害者も賠償問題が片付けば、立ち退きなどは要求しないようだった。学校も児童福祉司指導という責任の伴う行政処分にことさら異を唱えなかった。でもそれだけに失敗は絶対に許されないということでもあった。

二組の家族

将平の父親武志は三十八歳で鉄工所に勤務していた。二人兄弟の第一子であり、高校入学して間もなく両親が離婚している。そのこともあってか当時は無免許でバイクを乗り回したり、友人宅に外泊を繰り返すなど荒れていた。一年もたたないうちに退学になったという。しかし周囲の説得もあり再び定時制の高校へ入学。十六歳のころに将平の母親の紀子さんと知り合っている。武志は定時制ということもあり学業よりも仕事をしたいとの気持ちが強く、ガソリンスタンドや寿司屋、市の臨時職員などを転々とし、十八歳で紀子さんと結婚している。二十二歳の頃鉄工所に入社、現在に至っている。紀子さんは五人兄弟の第四子として生まれた。高校卒業後縫製会社に就職した。長男の妊娠が判明して間もなく入籍した。父方祖母とも同居して子どもたちを保育園に預け就労した。二人が離婚したのは将平が小学校一年のときだった。その理由や経緯はわからない。長男は祖母と父の家に残り、将平と妹の由美は母と家を出ることになった。将平は転校せず、母が朝出勤前に学校に送っていき、放課後は父宅で母の迎えを待つという生活になった。しかし次第に友達や兄との交流を望むようになり、二年の夏休みごろには父宅で過ごす日が増えていき、三年時には父宅で生活するようになった。父母双方が三人の養育を改めて主張したため、再度調停となり将平の親権は父方に移っている。

妹の由美ちゃんは紀子さんとの生活を選んだが、二週間に一度は兄たちと父のいる元の家に泊まりに行っている。由美ちゃんはマスコット的存在で双方の家で可愛がられている。このように離婚していながら子どもたちを通して交流は続いている家族なのだった。

将平はいざ父や兄と暮らし始めると今度は時折母に会いたくなるのだった。父は全てに手を抜けない性格だった。何でもキチンとやり遂げないと気が済まなかった。仕事はもちろんまじめだったし、子どもたちの食事も父が作った。家事や料理などに加えて地域の役などもしっかりとこなした。同じことを周囲にも要求するところがあり子どもたちにとっては結構うるさい父親だった。人に迷惑をかけたり、言われたことをしないとひどく怒り、以前はよく叩いたり蹴ったりもした。そんなときに母が意見するとしばしば喧嘩になったらしい。離婚後は、体罰は以前ほどではなくなったが、その頑固さは変わらなかった。祖母が武志のやり方に口を出すとひどく怒るので何も言わなくなり、最初は祖母が賄っていた食事もやがて祖母の分だけ別に作り、父には干渉しないようになっていた。ただ将平には内緒でお小遣いをあげていたようだ。

二十歳になる長男の武彦は食品関係の会社に勤務していたが、父とは仕事のこと以外はあまり会話もなかった。父と暮らし始めた将平はやがて空手の道場に通わされ、塾にも週二日ほど行き、父の流儀で育てられることになった。勉強しないで遊んでいるとひどく怒られた。将平も父とは勉強のこと以外ではあまり会話がなかった。

そんなとき無性に母に会いたくなった。小学四年になり、初めて自分で母に会いに行った。父は最初こそ母に会うことを許していたが、五年生になるともう会わないように言い渡された。しばらくは我慢していたが、その後父には内緒で、毎週土曜日に母に迎えに来てもらい、塾の時間まで母宅で過ごしていた。ただ父の家の近くには仲のいい友達が何人もいたから、ずっと母のところで住もうとは思わなかった。

将平と由美ちゃんの行動は本人たちにしてみれば、それぞれ意味がある行為なのだった。将平は父と暮らしたいというよりは、友達と離れたくなかったのかもしれない。実際に父と暮らしてみて、今度は母と会いたくなったのだろう。兄たちに可愛がられていた由美ちゃんの定期的な宿泊も理由のあることではあった。しかし子どもたちの行動を読み解くもう一つのフレームがある。それは子どもたちの無意識の行動の裏に、別れた両親をもう一度つなごうとする切なる願いがあるのではないかという視点である。ある知人夫婦は離婚前の三年間を、お互いに一言の口も利かずに過ごしたという。どうしても用があるときは子どもたちに相手への伝言をしてもらっていたという。離婚後二人は互いに清々していた。ところが母親と暮らす長女が突然ぐれはじめ、次々に事件を起こし二人はその解決のために出会い、協力しなければならないはめになったのだ。もちろんそんなことで大人の関係が修復されるはずもないのだが、二人は今では子どものことに関してだけは時折連絡を取り合うとのことであった。林家の場合も子どもたちの行動を通して、別れた夫婦は親としてはつながりを持ち続けていた。

初回面接

将平が一時保護から帰宅後一週間ほどして通所を開始した。初回面接は六月の初旬。父親と祖母、兄と将平の四人が来所した。母と由美ちゃんはその日都合がつかず、次回から参加となった。時間は父と長男が仕事を終えて駆けつけることができる十八時からにした。

少し前に新装になった家族療法室を本格的に使用する初めてのケースだった。中央には楕円形のテーブルがあり真ん中には造花の小鉢が置かれていた。実は鉢の内部にはマイクが内蔵されていた。六脚の椅子がテーブルの周りに並んでいた。天井の隅にはカメラがある。ドアを開けた右手の壁面はマジックミラーで占められていた。ミラーの向こうには松原が待機していて、カメラに映った室内を観察しているはずだった。

父、兄、将平、祖母の順に入室し座った。私は将平の隣に座り、前園は父の隣という配席になった。

児童自立支援施設への入所をしないための家族療法の継続という、動機づけはすんでいたので、家族揃っての来所をねぎらった後、それぞれの自己紹介から始めた。父親の武志は半そでのTシャツにジーパンという軽装だったが、引き締まった体を折り曲げながら神妙に名を名乗った。兄も少しぎこちなくペコンと頭を下げた。二十歳にしては幼い印象を受けた。紹介が一巡し少し場が和んだところで、最初にカメラとマイクの存在について説明し、ビデオによる録画の許可をお願いした。またミラーの向こうの松原の役割も併せて説明した。一度の面接場面を繰り返し観察することにより、より価値的に活用し、次回の面接に生かすということと、自分たちの面接技術の上達のためにも役立つということ。むろんそれ以外のことのためには決して利用しないということを併せて説明し、了解を求めた。父親は軽くうなずき頭上のカメラに視線を移した。長男は興味深そうにミラーを覗き込んだ。祖母は説明などは聞いていない風であらぬ方向を眺めていた。将平は一時保護中に、入室したこともあるせいかリラックスした様子だった。家族によっては怪訝な表情を見せることも少なくなく、固い雰囲気でスタートすることもあるのだが、やがてカメラの存在はどの家族も忘れてしまうものである。

月に一度というインターバルで約十回を予定していることと、家族の力によって将平の問題を解決したいとの趣旨を伝えた。

将平が家に帰ってからの様子を聞いてみた。父によれば、気持ちがほぐれていない部分はあるが、今のところ勉強に集中しているとのこと。また、苦手だったはずの小説を図書室から借りてきて読んでいるのに驚いたとの感想だった。

「家に帰った感想は」と将平に水を向ける。

「よかった」との一言が返ってきた。

祖母は帰宅した日に掃除をしたり読書をしたことに驚いたと将平の肩を叩いた。兄は一時保護前と変わらず、普通に話せてよかったと語った。

次に生活のリズムについて聞いてみた。

今度は祖母が口を開いた。空手や塾に行くと夕食が遅くなるので、夕食を済ませてから出かけてはどうか、そうなると父の生活時間と合わないので、祖母と一緒にご飯を食べた方がいいのではと提案した。父と兄に祖母の提案への感想を聞いてみた。

父は「部活をやめると言っているので食事の時間は確保できる。ただバレーは自分はやめてほしくない」と。

兄は「その日の出来事をいろいろ話しながら食べるので時間がかかる」とだけ述べた。「テレビを見ないで食べるとか、風呂に入ったらすぐ寝るとか、無駄な時間を省くようにしたらどうか」と父が兄に応じた。将平は何も言わない。

「その日のことをいろいろ話すのも将平君には必要なことだよね」と口をはさんだ。小さく頷くが将平の返事はない。

祖母の提案には、何故か誰もそれに反応しない。家族の中で祖母が浮いているように感じられた。

暫し休憩を取り、その間に松原を交えて面接者間で協議を行う。これも家族療法でよくやる手法である。面接者が今から話し合うと伝えることで、クライエントは「次に何を言われるのだろう」との姿勢が生まれる。面接者側の狙いは、観察者を含めての面接のふり返りと、次回への課題の設定である。

松原も祖母に関しては同じ印象を抱いていた。祖母と父の親子関係からくるものだろうと感じたとのこと。それはともかく祖母の積極性を取り込む助言をすることになった。将平に関しては、表情は明るいが、相変わらず言葉が少ないことが気になった。でもそれは次回以降に取り組もうということになった。

休憩後に来月までの課題を家族に伝えた。①時間の無駄をなくし、早く就寝する方法を考えてみてほしい。②家事については祖母の協力を求めたらどうか。③将平がオープンに母親と会えるためのルールを考えてほしい。父は手帳を取り出しメモを取った。祖母は元気良くうなずいていた。将平はぼんやりとしてミラーの向こうをのぞき込んでいた。

一か月後

七月の七夕の夕刻、今度は由美ちゃんを交えて家族が来所した。母親は仕事先から向かっているが遅れるとの電話が入っていた。今度は、父、由美ちゃん、兄、将平、祖母の順に座りその横に母のための席を用意した。私は父の隣に座り、由美ちゃんの緊張をほぐすためのおしゃべりから始めた。

次に前回の課題について聞いてみた。将平が母親に会いに行くルールについては、「格段の取り決めは必要ないが、黙って出ていくのは心配なので、きちんと伝えてほしい」と父。将平に尋ねると、いつものあいまいな笑いとともに「聞かれないから」と答える。そこで今度からは父に伝えてから行こうと言うと、こっくりとうなずく。

次に無駄な時間を省いて就寝時間を早くすることについては、平日は全員十二時前に寝ていると父が答える。「全員ですか。それは凄いですね」とコンプリメント*する。家事についての祖母の協力については、祖母が「できています」と元気よく答える。

「どうやって幾つものことがこんなにうまくできるようになったのでしょう。こういう生活習慣は簡単に変えられないものなのですよ」と驚くと、「子どもたちが夕食後のダラダラした時間を、区切りのよいところで切り上げられるようになりました」と父親が引き受ける。父が子どもたちに課題を強制しているのではと危惧したが、思いとは違う言葉が口をついて出た。「あまりに素晴らしいので今日はもう話すことがなくなってしまいました。後は雑談でもしましょう」

由美ちゃんの父宅への泊りについて話題を移したが、何を聞いてもにこにこ笑いながら「わからん」「さあ」とか言うだけで会話にならない。ただ家族みんなが由美ちゃんを可愛がっていて、宿泊を心待ちにしていることだけは伝わってきた。

八時少し前に母親の紀子さんが到着した。紀子さんは落ち着いた色白の美人で遅刻を丁寧に詫びた後で席に着いた。父とは別な意味で紀子さんが家族の中の特別な位置を占めていることがわかる。由美ちゃんは傍に行きたさそうだったし、祖母が満面の笑顔で紀子さんをねぎらっているのが印象的だった。父も少し居住まいをただしたようにさえ見えた。私は何故か「武志さんは今でも紀子さんのことが好きなのでは」との思いがわきあがり、自分たちのやろうとしていることに不安を覚えたことを記憶している。

私は紀子さんに面接の経緯を簡単に説明し、将平に関して望むことを聞いてみた。「将平は大切なことをいつも話してくれないんです。もっと自分の気持ちを言葉にしてほしい」と極めて大切なことを述べた。

母の言葉を将平に振ってみると、やはり言葉は出てこない。そこで前園が母への想いを聞いてみた。

すると「前には泊まりたいと思っていたが、泊りに行ってもよいと言われたら、あまり泊まる気にならなくなった」と話し、紀子さんをがっかりさせる一幕もあった。

今回の課題の一つは「うまくいっていることは続けていこう」と継続をお願いし、将平に対しては「三行日記」を毎日書くことを提案した。これは私たちが考えていたことでもあり、そのことを母親が後押ししてくれたので、渡りに船だった。本人はかなり抵抗を示したが、三行

＊コンプリメント：家族療法の技法のひとつで、直訳すると「補う」という意味がある。「褒める」と訳されることも多いが、クライエントの過去の経験で見過ごされてきたことを、言葉にして賞賛すること。直接的なコンプリメントの他に「間接的コンプリメント」もある。

でいいから印象に残ったことを毎日書くように勧めた。これは本人にはかなり苦痛になることは分かっていたが、思いを言語化し内省力を深めることは是非とも必要なことなのだった。

母親の存在は大きく、面接のカギになるとの手ごたえはあった。しかし全体的には弾まない面接だった。特に子どもたち全員が口数の少ない家族なのだ。日記を中心に据えるとしても、言葉だけではコミュニケーションが賦活《ふかつ》されない家族のような気がした。

スタッフ三人で協議し、面接の後半は非言語的な媒体を用いることにした。具体的には次回から、紙粘土を使って家族一緒に何かを作ってもらう計画を立てた。

粘土

三回目も家族全員が参加できた。紀子さんも遅れて参加した。将平に三行日記の印象に残った個所を読み上げてもらった。「今日は放課後に野球をした。楽しかった」というシンプルこの上ないものだったが、毎日書いてくれたことはありがたいと思った。家族に感想を求めると、父と祖母がそれぞれの言葉で、文章の説明の足りなさをやんわり指摘した。祖母は「どんな風に楽しかったのかな」と説明を求めたりした。それぞれに最近の楽しかったことを話してもらう。祖母は気の置けない友達との茶飲み話をあげ、兄は仕事に慣れ、作業の合間に仲間と話すのが楽しいといい、妹は昨日のドッヂボールで最後まで残ったと自慢した。父は夏祭りの地域のイベントで焼きそば百五十食分を一人で作り、長い行列ができたことを誇らしげに語った。

後半は紙粘土による制作になった。最初なので各自が好きなものを作り、三十分後に感想を述べあうことにした。言葉のやり取りより活発な時間となった。兄は蛇を作った。もう少し時間があればもっと上手にできたのにと不満足の様子。祖母はバラ。初めての紙粘土は楽しかったと。父は金魚を作り「昔家で飼っていた」と説明。将平はエリマキトカゲをつくり「うまくいった」と胸を張る。その完成度は驚くほどで家族の中でも一番うまくできていた。言語化の苦手な子どもにはよくあることなのだが、その表現は生き生きとして雄弁だった。途中から加わった母親は祖母のバラを手伝い、そのあとでマシュマロを作った。由美ちゃんはカタツムリの上にウサギが乗っていて、傍らにはその子どもも乗っていた。制作の意図を聞くと、今から正義の味方が悪者をやっつけに行くところと説明。悪者退治のための味方を連れていくならどれにすると尋ねるとエリマキトカゲを連れていくと答えた。言葉によるコミュニケーションの時より家族は粘土を通してそれぞれを語り、相互の関係もよく表現していた。

粘土とは不思議な媒体である。手のひらで丸めて球体を作るだけでその手触りによって癒しを感じる人は多い。

私は、ライアル・ワトソンが『生命潮流』の中で原始生命が複製作用を獲得するのに粘土が鍵になった、との仮説を立てているのが気に入っていた。だから人が粘土細工に興じることが、その人の始原の何かを賦活するという根拠のない妄想を抱いていた。そのせいか超軽量の紙粘土の存在を亀口先生から教わってからは、しばしば面接に粘土を取り入れていた。例えば不登校や家庭内暴力で悩む、言語化の苦手な子どもと毎回粘土で何かを作ることもあった。何かを知るためにというより、その行為自体に治療的な効果があるように感じられた。林家も確かに言葉だけの面接よりみんな明るくなり元気になったように感じた。これで今後の家族面接の基本的パターンができたと感じた。

次回は家族のそれぞれのいいところを、内緒で書いてくるようにと、封筒と用紙を将平に配ってもらって終了となった。

予想外の変化

このようにして月に一度の面接は続けられた。将平の三行日記はみんなの助言や評価により、すこしずつ中身の濃いものになっていった。秋口には本人が「書くことが以前より苦にならなくなった」と言い、父も「気持ちが書けるようになった」と褒めた。

紙粘土の製作は、ある時は家族で二組に分かれて、テーマもそれぞれで決めるようにしたり、その次は家族全員で何を作るかを決めてもらったりした。将平と父をペアにしたところ、将平が主導する形でかなり大きなキリンが出来上がった。またその次は父と祖母がペアになり花束を作り、子どもたちは三人で「二十二世紀のロボット」を作ったりした。粘土の時は家族全員の表情がいいのが特徴的だった。祖母も以前よりはずっと家族に溶け込んでいた。特に将平の作品はいつも上手でみんなに褒められて嬉しそうだった。完成した作品は持ち帰ってもらっていたが、父によると全部家で飾っているとのことだった。

十月の面接の折に、私は祖母に感じていた「家族の中でのどこか浮いた感じ」がなくなっているのに気付いた。特に父との関係が落ち着いたものになっていた。面接が終了し家族が帰った後で、私はそのことを前園に聞いてみた。

「おばあちゃん実は最近働き始めたんです」と前園が答えた。

「そういえば燃えた倉庫の賠償問題はまだ片付いてなかったよね」

「そうです。苦労している武志さんを見て、おばあちゃんが自分で決めたようなんです」

私たちの意図と予想を超えたところで、家族それぞれが自分の意志で動き始めていた。

粘土による表現が一通り終わると、松原の提案でコラージュを家族でやることにした。新聞紙や雑誌などを持ち寄り、切り張りをして作品を作るもので、家族はこの作業にも積極的に楽しみながら取り組むことができた。一月の面接でコラージュが終わったころに母の紀子さんが参加して、一人一人の貼り付けた部分を見終わって、子どもたちの箇所を予想して「これは将平」「これは武彦（兄）」「これは由美」と全部言い当てたことがあった。

また「家族で何かをしてください」との課題を出すと、日曜日に二組の家族がそろってコスモスを見に行ったり、近くの山に登ったりもした。父は弁当を作り祖母も参加したこともあった。

十一月から十二月には「父と将平で何かをする」という課題を出してみた。すると翌月には父子で魚釣りに行ったり、将棋を指したりしたことを報告してくれた。また年末年始には、母と三人の子どもでディズニーランドや横浜の中華街に行ったことが三行日記に書かれていた。

武志さんは以前より表情が明るく活動的になった。服装も少しおしゃれになった。彼はもしかしたらもう一度家族が一つになれるかもしれないと思っているらしかった。

一月の面接の折、紀子さんは終了後に到着したが、話がありそうだったので前園が別室に案内した。

「いつも遅れてしまいすみません。武志さんからは迷惑をかけているから早く来るように言われたのですが、どうしてもこの時間になるんです」と申し訳なさそうだった。

「そんなことはありません。今のままでいいです。おいでいただくことだけで大きな意味がありますから」と前園はねぎらった。

別れた家族が一つの場所で出会うことだけでも、強烈な介入になる。まして一緒に出掛け、花見をしたり食事をするとしたらどうなるだろうか。私には武志さんの心の揺れが痛いほどわかった。

でも紀子さんにはその気配は感じられなかった。紀子さんも武志さんが嫌いではないはずだ。でも一緒には住めない何かがあるのだった。そのことはおそらく祖母にはよくわかっていて、今でも出ていった紀子さんの心中は察しているようだった。

その日の紀子さんにはもう一つ心配があった。それは兄の武彦君のことなのだった。

「最近少し不眠がちなんです。あの子は仕事が長く続かなくて……。いまはむしろ武彦の方が心配です」

武彦君はもう子どもではないので、私たちの守備範囲ではない。しかし彼がずっと通い続けているのは弟のためだけではないのかもしれないと思った。

九回目となる二月の面接には母を除く五人が集まった。将平の日記は修学旅行でスキーを体験したことが書かれていた。部活も空手も頑張っていたが、学級行事の実行委員もこなしていた。父は「将平が忙しそうなので」と満足げな様子。将平の成長を讃えた後で、ほかに家族の気になることはないかと聞いてみた。

すぐに武彦くんの不眠が話題になった。彼は仕事のストレスや眠りづらい悩みを打ち明けてくれ、昼休みに三十分ほど寝ていることも付け加えた。家族が思い思いにアドバイスをした後で、「使えそうなのはある?」と聞くと「少しは」とうなずいた。

「三十分の昼寝ができているから大丈夫だと思う。薬を飲むレベルでもなさそうだし、会社の繁忙期が過ぎればまた眠れるようになるよ」と言うと安堵の表情になった。その日のコラージュは武彦君の貼り付けたオブジェの周りに、みんなのものを張り付けていくという形にして彼に焦点を当て続けた。武志さんは紀子さんが来なかったことにどこか寂しげではあった。しかし父の役割はしっかりと果たしていた。

最後の面接

十回目の面接は二組の家族全員がそろった。

最近の将平の生活ぶりには父も祖母も特に注文はないという。三行日記について、父と祖母は今後も続けてほしいと言うが、将平はもうやめたいとのこと。私の方からは、日記を書くのが上手になっているし、そのことで自分の気持ちを言葉にできるようにもなっているので、続けた方がいいと助言。将平もしかたなく承諾した。

母は将平が変わったこととして、以前は妹に注意される場面が多かったが、最近は反対に妹に注意するようになったと語った。

これまで事件のことには触れてこなかったが、最後に今ふり返ってどう思うか。今後どうしたいかについて尋ねてみた。

「近所の人たちも本人のことを気にかけてくれている。この調子で高校受験に向けて頑張ってほしい」と父親。

「周囲の人に信頼される人間になってほしい」と祖母。

「今のままで頑張っていけばいい。やっていけると思う」とのコメントの後で「自分もこんなことがしてほしいとうらやましかった。お前はわかってるのかな」と兄が冗談めかして言う。

「いろんな人の支えがあって、今があることを忘れないでほしい」と母。妹は全然違うことを口にした。

「将平兄ちゃんと交換日記をしたい」

「いやだよ」と将平は即座に拒否をした。

「じゃあ武彦兄ちゃんとやろうよ」と由美ちゃんはあきらめない。ところが武彦くんは拒否をせず、長男と妹の交換日記が始まることになった。

「将平だけ外れるけど寂しくないの」と母がいうと「全然」との答えに父と母が思わず笑った。

最後に将平に聞いてみた。

「三年になったら〇〇高校の受験勉強を始める」との答え。

「高校に行ったら何をするの」とさらに聞いてみた。

「ボクシングをやってみたい」

そういえばその高校はボクシングが強いことで知られていた。父は意外な顔をしている。

「空手じゃないんだ」と聞くと、「ボクシングがしたい」とはっきりと返事をした。

家族を苦しめた事件については、誰一人直接は触れなかった。そう言えば私たちもこの十回の面接の中で一度もその事実には触れたことはなかった。

林家の家族面接は三月をもって終了した。五月にフォローアップのための面接を行っている。その時は、私はすでに転勤で職場にはいなかったが、松原から順調であったことと、進学に向けてのことが主な話題となったことを聞いた。

更に高校にも合格した翌年の三月、父と母に伴われて卒業式の帰りに将平が会いに来たというれしい報告を聞いた。将平はずいぶん明るくなり高校でのボクシングが現実になったことを喜んでいたそうだ。

数年ののち前園から高校のボクシングの試合での、将平の活躍の模様が、地元紙の紙面に掲載されていたことを教えてもらった。

二組の林家について、これ以上多くを語る必要はない。私たちはいつものごとく家族療法というフレームによって、通り過ぎる家族を覗いていただけだ。私たちは武志さんと紀子さんが何故離婚したのかは知らなかったし、子どもたちへの愛に溢れていた二人が何故再婚できなかったかも知らない。父と祖母の確執の中身も知らなかったし、それがどうやら修復されたらしいことはわかっても、その理由については最後までわからないままだった。

ただ私たちは家族が集まるための場所を設定し、ささやかな演出をしただけだ。将平はほんの少し母に甘え、父に自分の意見が言えるようになった。私たちにはそれだけで十分だった。

言葉にできないたくさんのことは、林家の一人一人が自ら引き起こし、私たちはそのほとんどに気づくことさえなかったのだから。

アスペルガーと記憶の泉　小説がカウンセラー

よどみなく語る

約束の時間を十五分ほど過ぎたころ、カウンセリング室の裏手の敷地に車が止まる音が聞こえた。私はその敷地に面した南側の引き戸を開けた。担任のT先生が会釈しながら後部座席のドアを開ける。セーラー服に鞄を下げた少女が辺りに誰もいないことを見届けると車から降りた。急ごしらえの階段で靴を脱ぎ、裏側から入室すると無言で頭を下げる。私は彼女を椅子に誘うと、熊沢先生に「今日は三〇分でしたね」と確認する。頷いた先生はすぐいなくなった。二人だけになるとカオリさんのくりくりした瞳が心なしか微笑んでいる。

「今日もきてくれてありがとう。じゃあ、あまり時間がないから始めようか」

カオリさんは黙って頷く。

「今日は何を話してくれるの。時間は二十分だよ」

彼女は「ヒグラシの鳴くころ」という小説を選び、その複雑な物語を透き通るような声で話し始める。それはいつものように私にとって心地よい時間である。登場人物を巧みに紹介しながら、ある学校での奇怪な事件についてよどみなく語り続ける。私はすぐ物語の世界に引き込まれ全身耳になって聴いている。もちろん話の途中での質問や合いの手にも丁寧に応じてくれる。カオリさんは自分が読んだ小説をほぼ完璧に覚えていて、そのストーリーの概略を、私の指定した時間内に語り終えることができる。その後の残された時間を私の感想や、今取り組んでいる課題の話し合いや助言に費やし、あっという間に三〇分が過ぎる。熊沢先生が壁の真ん中に位置する「オアシス」への通路のドアを開けて入ってくる。彼女を先生に預けカウンセリングは終了する。

Y中学に赴任したのはスクールカウンセラーになって三年目のことだった。その一年間は目が回るような忙しさだったことを覚えている。養護の先生のコーディネートの能力が素晴らしく、次から次に子どもたちや保護者を連れてくるのだった。週に一度、一日六時間の勤務だったが、四件から五件のカウンセリングが毎回予定されていた。その日の面接をすべて終了し記録を書き終わる頃には、グラウンドから響いていた子どもたちの声も消えていることがしばしばだった。

主として家族療法によって子どもを支援してきた私にとって、一つだけ困ったことがあった。それは家族に集まってもらうということが殆ど不可能に近いということだった。児童相談所であれば、家族との信頼関係さえ構築できれば、時間をずらしたり、休日に出勤すれば、さほど困難なことではなかった。ちなみに夫婦や家族が同じ空間と時間に集えるかどうかは、その家族が問題を解決できるかどうかを意味していた。特に夫婦であれば、同じ空間に並んで座れるかどうかが、子どもの問題に対して夫婦連合が作れるかどうかの目安にもなるのだった。

ところがスクールカウンセラーの勤務は大体午前十時から午後五時までである。時間は五時以降にずらせるとしても、勤務日の変更はできない。更に私が保護者と直接話し合って日時を決めることもできない。私が母親に会う必要を感じたら、コーディネーターの先生か、担任にその必要性を理解していただき、連絡をしてもらうしかない。家族療法にとっては、以前の職場はずいぶん恵まれていたということだ。

それでも母親の来所から始まり、やがて父親や祖父母まで、夜の校長室に集まってもらったこともある。しかしほとんどは子どもだけ、もしくは来校した保護者だけのカウンセリングで問題を解決しなければならなかった。でもそれは子どもを支援する原点に帰るということのような気がした。私は一番困っている、目の前の子どもや母親から、悩みを聞き取りながら家族のことを自然な形で聞いていくことにした。

不登校の理由

カオリさんのケースはお母さんの来所から始まった。その時の相談は次のようなものだった。

「小学校のころから休みが多くいろいろ苦労してきた。中学になりほとんど登校できなくなり、前任のカウンセラーの紹介で、病院を受診したところアスペルガー症候群*との診断を受けた。ドクターからは無理な登校刺激は控えるよう助言があり、学校の先生の訪問も少なくなった。カウンセラーとの面接も一度きりで、その後は完全な不登校状態となった。ドクターや学校の薦めもあり二年の新学期から嫌がる本人を説得し特別支援学級「オアシス」に移った。しかしそれ以降一度も登校はできていない。何事にも『ふつう』にこだわっていて、みんなと一緒か、みんなよりできないと納得できない」と。

ドクターからは慎重にという指示で、まだ障害の告知はしていないということだった。

幼いころから友達を作るのは苦手だった。保育園に迎えに行くと保育室や園庭でいつも一人遊びをしていた。違うことを続けて指示すると二つともできない。その日の予定の順序が変わっただけで興奮し泣き叫んだりした。記憶力はずば抜けていた。母の一言一句を正確に覚えていて、違う状況で発言内容が変わるとひどく混乱し、母の考えがわからないと泣いた。今まで理解できなかった我が子の特性はドクターの説明で謎が解けたように思った。育て方とは無

＊アスペルガー症候群：自閉症の一つのタイプである。アスペルガー症候群の子どもや大人は、自閉症と同じく「社会性の障害」「コミュニケーションの障害」「想像力の障害」を持つが、発語そのものはなめらかで知的な障害も伴わないもの。ただ三つのハンディは有しているので、言外のニュアンスや場の空気が読めなかったりして、人間関係で躓くことが多い。一芸に秀でる有名人も多い。現在の診断基準では「自閉症スペクトラム」のなかに包摂されている。

関係だと言われたことでも母は少し安心したところもあった。でも今後どう関わっていけばよいかは分からない。そもそも登校できるようになるのだろうかという相談なのだった。

まず家での様子を聞いてみた。

深夜までゲームしたりマンガを読んでいて、翌日は昼近くまで寝ている。情緒が不安定で学校のことを話題にするとひどく怒り部屋に閉じこもってしまうとのこと。

「機嫌がいいときはどんな時ですか」

「マンガを読んでいる時と、ゲームをしている時ですね。ああ、それと絵が好きで、上手に描けると見せに来ます。それをほめると喜びます。絵といってもマンガのキャラクターですけどね」

「それでいいんですよ。好きなことがあるのはとてもいいことです。他に好きなものや得意なことはありませんか」

「粘土細工が得意です。いろんなものを作ることができます」

私は大きくうなずきながら「外出はしていますか」と聞いてみた。

「本を買いに私と時々外出します」

「お父さんはカオリさんのことをどう考えておられますか」と尋ねてみた。

「それがよくわからないんです。とても無口な人で、カオリのことを相談しても黙ったままなんです。ただ休みの日はカオリのゲームの相手をして黙々と遊んでくれます」

お父さんは工作機械の部品製造の会社に勤務していて、ずっと一つの部署を任されて十年以上になるという、仕事一筋の技術者であるようだった。一度だけ、カオリさんの不登校の件で夫の考えを問いただしたところ「おれも学校嫌いだったからなぁ」とだけ答えたとのこと。

高校二年の長男がいる。この子も母によると、中学時代は集団が苦手で友達も少なかったが、卓球が好きで部活動のおかげで、何とか乗り越えることができ現在がある。兄は「自分だって苦しかったのに頑張ったんだから、カオリは甘えている」と厳しい目で見ている。

最後にお母さんの考えを聞いてみた。

「私どうしたらいいかわからないんです。小学校からのカオリを見ていて、厳しく登校刺激をしても無理なことだけは分かったんです。アスペルガーと言われてほっとした部分もありました。カオリのコミュニケーションが苦手な原因がわかり、学校に行きづらい理由がわかったように思えたからです。でも今の状態が続いたら、この子の将来はどうなるのだろうと考えると、夜も眠れなくなります。それでいけないと分かっていて、つい小言を言い喧嘩になるんです」

私は母親のこれまでの心労をねぎらった後で、カオリさんと私が会うための作戦を二人で練った。幾つかの私の提案で母が採用したのは、次のような言い方だった。

「今日出会ったカウンセラーはとても感じがよかった。一番苦しんでいるのは本人だから、そのことを分かってあげてくださいと、怒られちゃった。でも私もすっきりしたの。その人、絵や工芸などが好きみたいで、カオリちゃんの造ったものが見たいそうよ。今度お母さんと一緒に会ってみない」

最後にもう一つ聞いてみた。

「カオリさんは家族の誰に似ていますか？」

「父親だと思います」

このようにして第一回目の面接が終わったのだった。

友達がいない

それからひと月たってお母さんがカオリさんを伴って来校した。カオリさんはポニーテールの可愛い子だったが、どこかフィギュアのようで生命感が希薄だった。ひどく緊張していたのでしばらくお母さんにも同席してもらうことにした。

来てくれたお礼を述べた後で、カウンセラーの役割の説明を兼ねた自己紹介をすませる。

「来たくなかったでしょ」と聞くと硬い表情で微かにうなずいた。私は用意しておいたふわふわの超軽量の紙粘土を二人の前で二つに分けて、好きなものを作ってほしいと頼んだ。先ずお母さんが手に取り「マシュマロみたい。これほんとに粘土なんですか」と反応し、葡萄の房を作り始めた。カオリちゃんはしばらく両掌でその感触を確かめるように触り続けていたが、二十分ほどで薔薇の花弁を三つ造った。それは見事な仕上がりで花弁が幾重にも精緻に渦を巻いていた。その出来映えを心の底から賞賛したのだが殆ど喜ばず無反応に近い。しかしそれで緊張はほぐれたのか、母親が退室した後で、いろんな質問に答えてくれた。

大きな音に耐えられないこと。だから母の声が大きすぎて時々苦痛であること。今は学校の誰とも会いたくないし制服が見えただけで気分が悪くなること。特にクラスの男子の騒がしさには耐えられず、教室にいると吐き気や頭痛がすることを話してくれた。好きなことやなりたいものを聞くと「何もない」との答えだった。関係もできていないのにバカなことを聞いたと一瞬後悔したが、その表情は人形のように変わらない。誰かといるとひどく疲れ、一番落ち着くのは一人でいる時なのだという。

「一人でいて落ち着けるというのは、とてもすごいことなんだ。一人でいると不安定になる人もいる。そんな人が逆に心配だけどね」

「私には友達がいないの」

吐き捨てるようにカオリさんは言った。

「今は友達なんていなくてもいいよ。やがて自分の好きなことが見つかりその道を進んでいけば、そこから必ず友達も自然にできていくよ。これはぼくの体験だけど」

「……」

「一人で過ごせることからとても価値あるいろいろなものが生まれてくる。そんな子は創造的な能力を備えていることが多い。あなたもそんな人のような気がする」

「私にはそんなものは何もない」

「このバラの花は凄く上手だよ。これは絶対に才能だと思うけど」

「そんなことはだれでもできる」

彼女は簡単には心を開かなかった。しかし何故か次回の面接の約束はしてくれた。お母さんも喜んでくれ、私も内心ホッとした。でも彼女が粘土細工への私の賞賛に全く乗ってこなかったのは予想外だった。

発達障害といわれる子どもたちを含めて、「子どもは何かの天才である」というのが、私なりの経験的な結論だった。どんな子でも、その子の好きなものや得意なものが見つかると、そこから関係も深まり、支援の方向も見えてくるのだった。カオリさんの粘土の技は文句なしに優れていて、私は内心「この子はこれで行ける」と確信したほどだ。しかしカオリさんは自分の得意技に価値を置いていないようなのだ。かといって他に得意なものはその日は見当たらなかった。次の面接でそれを探すことにした。

その後は二、三週に一度くらい母と一緒に、カウンセリングのためだけに登校はしたが、面接は深まらないままだった。マンガや小説を読むのは好きなほうだが、書いたりなどはしていない。音楽も好きだが演奏や歌への興味はなかった。マンガのキャラクターの絵は上手だったが、粘土に対する反応と似ていて、そのことに価値をおいていないのだ。その後も粘土はブローチ等の小物を見事に作りはしたが、いくら褒めても喜んでくれないのだ。私はインスー・キム・バーグという高名な家族療法家の「褒めることに反応しないクライエントは言葉による支援は困難である」（趣意）との言葉を思い出さずにはいられなかった。このままでは関係そのものが途切れてしまうのではないかとの焦りさえ感じていた。隣のオアシスまでの距離がとても遠く感じた。そもそもこういう個性の子どもにとって学校教育という鋳型に入れ込むことが、本人にとって幸せなのだろうかと考えざるを得なかった。しかしその後の社会という坩堝《るつぼ》はカオリさんにとってはより過酷な環境になるはずだ。発達障害の子どもたちは世界とダイレクトに触れあえる、よりプリミティブな人々の末裔なのだと思うが、効率化され細分化され、複雑なコミュニケーションが幅を利かせる現代においては殆ど異邦人に近いほど生きづらい。

小説を読む

あるときどんな本を読んでいるのか聞いてみた。

彼女のあげた本には私の知っている作者はいなかった。それでも最近読んだ中で一番面白かったという小説を教えてくれた。それは「西尾維新」という作家の『少女不十分』という小説だった。

「どんな内容なのか話してくれる」と尋ねたところ、うなずいてあらすじを語り始めた。

その内容は、主人公の大学生が、小学四年生の少女に拉致監禁されるという、ありえないような筋書きなのだが、その数日間の顚末をカオリさんは、かいつまんで話してくれた。私はその語り口の巧みさに引き込まれてしまった。それは聞く者にとって心地よい体験なのだった。私はいつしか主人公の少女をカオリさんに重ねて聞いていたように思う。でも彼女は結末だけは明らかにしなかった。
「で最後はどうなったのかな」と聞くと
「それは読まないいと伝えられない」といい少し笑った。
「では読んでみようかな」と答えその日の面接は終わった。すぐその本を注文することにした。読んでみたくなったのだ。

少女不十分

休日のほぼ一日をかけてその本を読み終わった。以下その簡単なあらすじを紹介してみたい。はじめにこれは小説ではなく、事実であり出来事なのだと作者は断っている。作家志望の大学生の「僕」は小学生の女の子の体がバラバラになるほどの凄惨な交通事故の現場に遭遇する。その時事故を逃れたもう一人の少女の奇妙な行動を目撃してしまう。彼女は自分の友達が目の前で交通事故に会い、即死したというのに、まず遊戯中のゲームをセーブした後で、死んだ友達に駈け寄り泣き崩れたのだ。そして彼女はそれを見ていた「僕」に気づいた。数日後「僕」の部屋に忍び込んだ少女Uは、ナイフで「僕」を不意に傷つけて脅し、大きな邸宅まで連れていきその物置に監禁したのだった。その日から奇妙な監禁生活が始まる。Uは二階で寝起きしていて、朝になると「おはようございます」とあいさつを済ませ学校に行く。腹が減ったと「僕」が訴えると自分の一食分の給食を持ってきて与えたりもする。次の日は再び与えられた一人分の給食を「僕」の提案で、二人で分け合ったりする。彼女が給食以外は何も食べていないことが分かったためだ。このようなUと「僕」のやり取りを描きながら一日一日が過ぎていく。どうして両親は帰ってこないのだろうかとの疑念は、やがて両親は彼女をおいて出ていったのではとの推察に変わる。私は読み進みながら少女Uは発達障害なのだろうか。それともひどい虐待の結果そうなったのか。あるいはその両方なのだろうかと予想したりした。監禁後、といっても「僕」はいつでも逃げられたのだが、何故か逃げなかったのだ。そこには「僕」とUの深い親和性とつながりが暗示されている。あるいは「僕」は次第にUに惹きつけられていったのかもしれない。両親のことを思い切って聞くと「いなくなった」とだけ答えた。

　五日目にUが学校に行っている間に「僕」は物置を開け、二階に上がり各部屋を探索した。まずUの勉強部屋で使い込まれた一冊の自由帳を発見する。それは彼女の行動を細かく縛り付けていた、両親が作った行動マニュアルなのだった。一頁目には次のようにあった。

「おはようございますと言うこと」

「いただきますと言うこと」

「ごちそうさまと言うこと」

「行ってきますと言うこと」

「行ってらっしゃいと言うこと」等々十一項目で一頁が終わり、その後細かくて気分が悪くなるようなマニュアルが延々と続いていたのだった。

「テレビは一日一時間以上見ないこと」

「ちゃんと学校に行くこと」

Uの風変わりな行動の全てはその命令に従っていたことが判明する。例えば「ゲームをやりっぱなしにしないこと」という命令があり、ゲームを終了した後で、友達に駈け寄り泣き崩れるという奇妙な行動の秘密が理解できる。あるいは「正体を知られないこと」との命令を守って、その場面を目撃した「僕」を誘拐することになったということも。

そしてその隣の寝室ではUの両親と思しき二人の大人が、キングサイズのベッドの上で首を絞めあって死んでいたのだった。少女は両親が死んだのちも十日以上一人で、そのマニュアル通りに生活を続けようとしていたのだ。

僕は愕然となりながらも玄関で少女の帰りを待つ。学校から帰宅した少女は、「僕」を見て驚くが、ついに誘拐が失敗し、両親の命令も遂行できなくなったことを知る。彼女は崩れるように「疲れた」と呟き「僕」に向かって倒れこむ。幽かに目を開いた少女に「僕」は「何かできることは?」と問いかける。何度目かの問いかけに応えて「お話してください。そうすれば寝られる」

「パパもママも昔はよくしてくれた、私が寝つくまで。隣でお話を……」と頼む。

「そんな時代もあったのか。あんな無理難題を子どもに押し付ける両親にもそんな時代が。ならばこの家族は、いつ、どこで歯車が狂ったのだろう」と自問する。

やがて作家志望の「僕」にしかできないことが一つだけあることを覚る。そしてUを眠らせるためのお話をいくつもいくつもしてあげることになる。作者はそのお話について次のように書いている。

「僕がUに語ったお話……物語は、一般的ではない人間が、一般的ではないままに、幸せになる話だった。（中略）友達がいない奴でも、うまく話せない奴でも、周囲と馴染めない奴でも、ひねくれものでも、あまのじゃくでも、その個性のままに幸せになる話だった」

僕はもう元には戻れないくらい傷ついたUのために、即興であまたの物語を作り続けたのだ。「それでもいいんだ。そのままで大丈夫だよ」とのメッセージを込めて。それは西尾維新という作家の創作の源の秘話ともいうべきものなのだった。

出来事と物語

私は読み終わって、不思議な読後感に襲われた。そしてカオリさんの話しの正確さと要約の見事さに改めて驚ろかされることになった。

次の面接日、わたしは彼女の前に本をおいて「読んだよ」と、ちょっと胸を張って言った。カオリさんは驚いたがうれしそうだった。その日は自然に『少女不十分』についてのお互いの意見や感想を述べあうこととなった。殆ど私からの質問だったのだが、楽しそうに答えてくれた。最後に小説のラストについてどう思うかと聞いてみた。カオリさんは一寸考えていたが「悲しくもないし辛くもないのだけれど、何故か泣けて仕方がなかった」との答えが返ってきた。

「それって物語の力なのかもしれないね」

彼女はしばらく考え込んだ後で答えた。

「あれは物語ではなく、出来事であり事件なの」

「そう作者は言っていたよね。でもどんな事件も出来事も人によって受け止め方も見え方も違うものだよ」

「でも出来事は一つのはずでしょ？」

「何かが起きたことだけは間違いない。でもそれを完全に理解し、受け止めることができる人はいないんじゃないかな」

　カオリさんは又しばらく黙った。

「でも科学で実証された世界がある。コンピューターが作られ衛星が地球を回ってる。それは動かしがたい事実でしょ」と鋭い質問が飛んでくる。私はふだん中学生には言うはずのないことまで口にしていた。

「確かに科学的真理はある。でも宇宙や自然や人間の全てが科学で説き明かされるわけではない」

「どういうこと？」

「それは科学という眼鏡から見えたものごとの一つの側面にしか過ぎないということさ」

「出来事はひとつでも捉え方は様々ということ？」

「そうそう」

　彼女は伏し目がちに絞り出すように言った。

「ものごとをありのままに捉えることはできないの？」

「ぼくもその方法をずっと探している。でもそれは永遠に見つからないような気がする。しかし真実に近づくことはできる。そして人は自分が見た世界を物語にする」

「どうして物語にするのかしら？」

「物語によってしか伝えられないことがあるから。よくわからないけど人間が生きていくためには物語が必要なんだ」

普段は視線を合わせられないカオリさんがじっと私を見つめていた。

「あれは西尾先生の物語なの？」

「ぼくはそう思った。しかしそれはただの物語ではない。捉えられない真実の一部に深く触れているんだ。それがあなたを泣かせたんだと思う」

「物語にはそういう力がある……」

「そして書かれた物語の受け取り方もみんな違っていて、あなたはあなたにしか読めないように『少女不十分』を読んだ。しかも実に個性的な話し方でそれを伝えてくれた。そのせいでぼくも思わず読んでしまったというわけだ」

私は最後に力を込めて言った。

「誰もキミみたいに上手に話せないよ。キミには小説を読み解く才能と、それを自分の物語として語れる才能がある」

「それって才能なの？」

「まぎれもない才能だよ。ぼくはカオリさんの物語の魅力に引き込まれて読むはずのない本を読んでしまったのだから」

彼女は黙っていたが、明らかに様子はそれまでと変わっていた。

「そういう特別な個性を持った人は、苦手なことも多くてね、普通の人が簡単にできることができなかったりもする。しかしその才能を十分に開花させるためには、苦手なことに挑戦することも必要なんだ」

「苦手なこと?」と怪訝な顔。

「今朝、挑戦したでしょ」

「腹痛や頭痛と戦いながら大嫌いな学校に登校すること?」と悪戯っぽく笑った。

「そう、失敗しながらでいいんだ。週に一日でもいい。自分のリズムで挑戦することが、きっと将来役に立つ」

そして思い切って続けた。

「お願いがあるんだ。もしこれからもカウンセリングに来てくれるなら、キミが読んで面白く感じた小説を、これからもぼくに話してくれないか」

カオリさんはわたしの願いを拒否しなかった。

とてもすっきりした様子で帰っていった。それ以降カウンセリングの半分以上の時間をそのために使うことになった。

その頃から二時間ほどは学校で過ごせるようになり、冒頭に紹介したような面接の形になった。やがて隣接の特別支援学級「オアシス」で少し勉強をして帰るようになった。彼女は二週間に一度の間隔で様々な小説を語ってくれた。

『私は友達が少ない』『謎解きはディナーの後で』『化物語』『アメザー』『ヒグラシのなく頃』『きみとぼくの壊れた関係』等々。それらはファンタジーでありホラーでありミステリーなど様々だったが、彼女の手にかかると独自の魅力を放ち始めるようだった。

一学期の終わりには登校日が週に一日、調子が良ければ二日に増えてきた。しかし二学期の始まりには再び調子を崩してしまう。発達障害の子どもさんにはよく見られることなのだが、何かの始まりや生活リズムの変化に順応することが大変なのだ。このことは想定していたので、担任の熊沢先生もお母さんも落ち着いて対応され、乗り越えることができた。秋の修学旅行には「行ければ行きたい」との本人の希望に沿ってすべての準備を整えた上で、その朝の気分で決めることにしたところ無事参加することができた。熊沢先生が本人の負担にならないよう周到な準備をしていただいたおかげである。

「大変だったけど楽しかった」が旅行から帰った後の感想だった。

でもそこからはなかなか登校日は増えなかった。ただ変化は起きていて、私や熊沢先生との関係は深まり、彼女の内的世界が広がりつつあることは確かだった。チョコレート工場で働いている、少しうるさいお母さんとのやりとりや、日曜日には宿題を見てくれる優しいお父さんのことを自分から話せるようになっていった。またお母さんの送迎によってしか登校できなかったのが、熊沢先生の送迎でも登校できるようにもなっていった。

夢は二つ

十二月の始めの頃、いつものお話の後で「図書館の司書になりたい」とポツリと言った。はじめて口にした自分の未来だった。彼女に適した職業だと思った。

「あなたに向いていると思う。どうすれば司書の資格が取れるか、自分で調べてみる?」

驚いたことに次回にはきちんと調べてきた。そのためには高校に進学し、少なくとも短期大学か四年生の大学に進学する必要があるとのこと。高校受験というハードルを越えれば実現可能かもしれないと感じた。その日の下校時刻にはお母さんもやってきて、熊沢先生も交えて賑やかなひと時となった。約一年後の高校受験をゴールにして、一歩ずつ挑戦することを四人で話し合った。幾つかの方法があった。登校日数を増やすこと、あるいは学校にいる時間を長くすること。あるいはオアシス以外の通級*クラスでの授業にも挑戦すること等。カオリさんが選択したのは「朝からもう少し早く登校すること」と「登校日数を週二日にすること」だった。

私は「小説もきちんと読んでね」と最後に付け加えた。

＊通級：軽度の障害をもつ生徒が通常の学級に在籍しながら、障害の程度に応じて特別な指導を受ける教育形態。

三学期になると登校日数は週に半分程に増えてきた。しかし生活リズムを夜型から朝方に変更するのはなかなかうまくいかなかった。日曜日には早く目覚め起きることができるのに、平日になるとうまくいかず、朝から親子げんかになることも少なくなかった。

「こんなペースでは高校なんかとても無理ですよね」

お母さんは時々弱音を吐いた。でも学習は以前より自宅や学校でできるようになっていた。まだ時間がある。そう言い聞かせていたところ、三月に私は他の学校への配属の内示を受け取った。カオリさんにそのことを告げるとうつむいて黙って聞いていた。

最後の面接日にカオリさんから彩色された美しい粘土の花束をもらった。

「やっと信頼できる人に出会ったのに……」

一時は教育委員会に抗議すると怒っていたお母さんも、思いのほか落ち着いているカオリさんを見て元気を取り戻した。

「お世話になりました。先ず高校入学を目標にこの一年を二人で頑張ります」と力強い言葉で送ってくれた。

いつも私たちの別れはこんな風に不意にやってくる。

新しい赴任先で、カオリさんはどうしているだろうかと何度か思い起こした。一年が過ぎたころ、風の便りにカオリさんが高校に合格したとの噂を聞いた。どうやら彼女は最初のゴールをクリアしたらしかった。

もちろん三年になってからのお母さんや先生方のがんばりや、次のカウンセラーの働きが、合格への道程を決定づけたのに違いない。でも彼女が一歩を踏み出す瞬間に立ち会えた私も細やかな役割を果たせたような気がした。

思えば、このケースは母以外の家族とは会うことはなかった。お母さんにはカオリさんの聴覚の鋭敏さについて助言しただけで、他には特に何もお願いしなかった。その必要はなかったし、私の仕事はただただカオリさんの言葉を聞き取ることだった。むろんカオリさんが自分らしく成長できたのはカウンセリングのおかげなのではない。彼女の秘密のカギを開いたのは『少女不十分』という風変わりな小説なのだった。またその他の幾つもの物語が彼女の心を育てた。それらは他者に語りなおされることによって社会的な物語となり、彼女が異邦の地で生き延びるための術《すべ》を教えた。

ところでカオリさんは司書になれたのだろうか。「ダメだったら声優になろうかな」とも言っていた。その時「夢は二つ持っていたほうがいい」との手塚治虫氏の言葉を送ったように記憶する。

人生には様々な困難が待ち受けていて、人は何度か自分の物語を、自分や誰かに語りなおさねばならない。大切なことは、遭遇する困難に意味を見出し、それを語りなおす知恵と力なのだ。過ぎ去ったはずのカオリさんの声音は、今でも耳朶《じだ》に残っていて懐かしい音色のように鳴り響いてくることがある。

Ⅲ

思春期の生と死　深い霧の向こう

少年の死

赴任先の中学での初めての出勤日だった。職員室での紹介が終わり、三年部の机の並びの指定された席に座った。斜め正面の机に座り親し気に話しかける先生がいる。二年ほど前に勤務していた中学の校長先生である。こんな席にいるとは退職をしての再任用なのだろう。右隣のカナダから来たという若い英語教師は挨拶が済むとタブレットの操作にもどった。

コーディネーターの養護の先生が、年間二百十時間の勤務日程の確認と、心配な子どもたちのレクチャー等のあとで、「今日は初日なので面接予定は今のところ入っていません。少しゆっくりされてください」とコーヒーを入れてくれる。

正面の机に三十代と思しき見覚えのある女性が座り頭を下げて微笑みかけている。最近はなかなか名前を覚えられない私だが彼女の名前はすぐ思い出せた。

「谷川先生お久しぶり。よかった。ここにいらっしゃったんですか」

三年ほど前に同じ中学で仕事をしていた彼女のことはよく覚えていた。谷川先生は学習指導員という職種で、不登校の子どもたちの家庭訪問をしたり、登校しても教室には入れない子どもたちに勉強を教えたり、話を聞いたりなどの役割を担っていた。午前中の半日勤務のことが多いのだが、子どもたちの本音を誰よりも知っていて教師やカウンセラーにとって頼りになる存在なのだ。特に谷川先生は三十代と若いこともあり、子どもたちに人気があり、谷川先生がいるから、学校に来ることができる子どもがいるほどだった。

彼女と机を並べたその中学校での二年間はとても忙しく、何度も彼女の情報や意見に助けられたことが懐かしかった。

「またご一緒できて光栄です」と谷川先生も喜んでくれた。

まだ新学期が始まったばかりとあって谷川先生も時間に余裕がありそうだった。話はおのずと三年前の子どもたちのことに移った。特に気にかかっていた当時の三年生たちの消息を聞いてみた。隣の市から一時間ほどかけて通う私と違って、同じ町に住む彼女は多くの子どもたちのその後を知っていて、時間がたつのを忘れるほど話が弾んだ。

「佐々木君のことはご存知ですか」と神妙な面持ちで谷川先生が尋ねる。

「ええ、敏くんとは卒業後も少しやり取りがありました」

佐々木君も私をずいぶん困らせた忘れがたい子どもの一人だった。

「お母さんからは何度かお手紙を頂いたことがあります。高校生になってからは見違えるように登校できるようになったこと。なんでもバンドに誘われてボーカルをやっているとかで。あ、そうそう一度本人からもコンサートの案内がありました。残念ながらその日はどうしても都合がつかなくて。そういえばその後は連絡がないなぁ。敏君どうかしたんですか」

谷川先生はしばらく無言で私を見つめていたが、意を決したように言った。

「それが、一年ほど前ですが……死んじゃったんです」

にわかには信じがたい一言に、しばらく言葉が出ない。

「……病気？　……事故？」

「それが……自殺らしいんです」

今度こそ言葉が見つからない。

「何があったんだろう」としか言えなかった。

「ご両親はどうされていますか。やはり離婚したのかな」口を突いて出たのはそんな言葉だった。

「よくわかりませんけど、別居したって聞きました」

その後は葬儀に大勢の子どもたちが訪れたことや、妹さんは家族の期待通り、この町一番の名門の高校に合格したことなどを話してくれた。その日は結局一件の相談もなかったのでカウンセリング室で佐々木君のことを思い出しながら過ごした。あれは私にとっては成功事例のはずであった。私は佐々木家を何度も家庭訪問していたので、帰りに立ち寄ることもできた。しかしお母さんが連絡をしてこない以上、訪問すべきではないように思えた。それにもうお母さんは、あの家にはいないような気もした。ともかく冥福を祈るしかなかったが、釈然としない思いは消えることはなかった。

中三の二学期

最初に相談に訪れたのは敏くんの母の淑子さんだった。中学二年生の四月から不登校になり、もう一年以上が過ぎ三年の二学期になっても全く登校する気配がないとのことだった。最初の頃は家庭訪問の先生方ともしぶしぶ会っていたが、そのうち会おうとしなくなった。その後担任や谷川先生等が訪問しても会えない日が続いていた。学校なんか行かない。だから先生とも会う必要がないと嘯《うそぶ》き、毎日パソコンのゲームをしている。将来はプログラマーかゲームソフトの開発者になると言っている。パソコンは組み立てられるほど詳しい。

生来不器用なのだが、バトミントンは好きで中学入学後ずっと部活を続けてきた。対抗試合の朝、三年の先輩に、「やる気あるんですか」と詰め寄り険悪な雰囲気になった。間もなく「クラスの雰囲気が嫌い」と母に話したあとで学校に行かなくなった。

父親は大手の総合商社に勤めていて、敏君が小学校に入学する頃は二年間の海外勤務で家族はニュージーランドにいた。そこには世界の様々な地域の家族が集まってきていて、その人々と交際できたことは貴重な体験だったと母親は語る。その後一年間の東京勤務を経て、父親だけは更に東京に一年残り、母子三人は祖母の住むこの町に帰ることになった。父親は連休や夏休みを利用して時々帰ってきた。最初にニュージーランドの教育でスタートしたせいか、途中編入の日本の学校は敏くんにとってなかなか馴染めなかった。すぐ不登校になり、それが二十日間ほど続いた。「いじめられる」と言っていた。

言いにくいことをはっきり指摘する。自分の努力はさておき人にはストレートに要求する。そんな一面は文化の差なのだろうと思い、やがて日本の学校にも慣れるだろうと考えていた。事実四年生になると何事もなかったように登校が始まり胸を撫でおろした。ただ勉強は嫌いで、母親がいくらうるさく言っても聞かなかった。

東京勤務が終わり父親の輝彦さんは敏君が小学六年の春に帰ってきた。父親は成績至上主義的な価値観の人で、勉強ができないのは母が甘やかしたせいだと、母親を厳しく責め立てた。かといって敏君にしっかり関われる訳ではなかった。祖母はとても厳格で不登校などは人間の屑のように思っている人だった。敏君が本格的に不登校になったときに、「私は恥ずかしくて生きておれない」と自殺を仄めかすようなことを言い、実際に具合が悪くなったりした。そんな祖母にとって父親は自慢の息子なのだった。今では妹の理恵さんを「まともなのはあんただけ」と可愛がる。理恵さんは社交的で成績もよく友達も多い。敏君が不登校になり始めた一年生の三学期に父親に再び東京勤務の内示がおりた。敏君を連れて東京に行くと父が言い出し揉めたが、母が反対し敏君も嫌がり結局単身赴任となった。その直後の四月から全く登校しなくなったので、父も祖母も「それ見たことか」という態度である。父は連休を利用して帰ってきて、精神科の受診を促したりしたので、母親だけで三度ほど受診したこともある。「本人に会わないと何とも言えないが、アスペルガー症候群の素因があるようだ」とのドクターの所見だった。そして母親にアスペルガー症候群（現在の診断基準に照らせば自閉症スペクトラム）*の子どもの特性を説明してくれたが、その多くに敏君は該当していると感じられた。

しかし敏君は受診を強く拒否し、病院にはつながりそうな気配もなくそのままになっている。母親は同じクラスの不登校だったY君の母親から私のことを聞いたという。家庭訪問もしてくれるとYが言ったのだろうと思った。その頃Y君は登校を始めていたからだ。

まず本人と会うために、母親に次のような伝言を頼んでみた。

「（お母さんからお聞きしましたが）とてもユニークで個性的な子どもさんですね。でもその個性がうまく発揮できずに苦しんでいるような気がします。もしかしたら役に立てるかもしれ

＊自閉症スペクトラム：発達障害のカテゴリーに分類される障害で、「社会性の障害」「コミュニケーションの障害」「想像力の障害」の三つの障害を併せ持つ障害のことをいう。自閉症スペクトラム障害には、従来、「自閉症」「広汎性発達障害」「高機能自閉症」「アスペルガー症候群」「高機能広汎性発達障害」「特定不能の広汎性発達障害」などと呼ばれていたものが含まれる。自閉症スペクトラムの特性には、健常者に見られるものもある。その特性の現れ方が濃いか薄いかという違いがあるだけだ、というのが「自閉症スペクトラム」の考え方。

ないので一度会いたいものです」

二週間後に母が来校したが、その返事は「自分をバカにしている。絶対に会わない」との痛烈な拒否だった。なかなか強敵だと感じた。でも家庭訪問まで拒否ということではなさそうだった。面白い子どもだとも思った。

どうしたものかコーディネーターのI先生に相談した。本県のスクールカウンセラーには家庭訪問のための時間も旅費もなく、学校の先生方との同行訪問だけは認められていた。事故などのリスクもあり旅費はいらないと言って済む問題でもなかった。でも実情はこっそりと訪問するカウンセラーもいた。しかしこのケースは一度や二度の訪問で会える見込みはなかった。しかも会えたとしても登校できる訳ではない。時間がかかるのは間違いなかった。

「先生はどうなされたいんですか」とI先生。

「簡単ではなさそうですが、お母さんが二度もお見えになっていて今後も相談の意志がありま す。継続的な訪問ができれば是非やってみたいと思います。登校はすぐには難しいかもしれま せんが、進学の意志さえあれば何とかなるかもしれません」

I先生はとても有能だった。校長と掛け合い、持続的な訪問が可能なシステムを作ってくれた。このようにして佐々木家への私の訪問が始まることになったのだ。

手入れの行き届いた庭付きの広壮な邸宅にまず驚かされた。上品な老婦人が盆栽の剪定をされていた。父方の祖母であった。

「わざわざ今日はありがとうございます。孫がご迷惑をおかけしますがどうかよろしくお願い致します。機会があれば是非私もカウンセリングを受けたいと思っています。さあどうぞお上がり下さい」

華道の師範の認定証が掛けられている居間に通される。母が二階の敏君を呼びに行くがやはり降りてこない。そこで日常の生活ぶりを伺うことにした。

朝は大体七時半には起きてくる。週末の朝と平日の夕方には理恵さんと交代で犬の散歩に出かける。時々友達が遊びに来て、一緒に外に出かけることもあるとのこと。それ以外はずっと二階にいてゲームをしているようだ。本はマンガを含めてほとんど読まない。

先ず、これだけ長期間休んでいて、生活リズムが昼夜逆転になっていないことは珍しい。本人の努力もあるだろうが家庭の力でもあると感じた。

「朝起きと犬の散歩はそのまま続けたほうがいいです。友達と遊べることも情緒面の健康に役立っているように思います」

その上で、今の生活にもう一つ何かを付け加えられないかを母親と話し合った。その結果、進路のことを母子で話し合ってもらうことにした。敏くんはずっと高校は行かないとの一点張りだったが、パソコンで密かに調べている高校があるとのことだった。そこで担任の先生に資料を持ってきていただき、それをもとに母子で話し合ってもらうことにした。

家族の構造

佐々木家は家族システムとしてはとても分かりやすい構造だった。家族システムは親子や夫婦という最小のシステムであるサブシステムから構成されている。佐々木家は母と敏君の密着したサブシステムと父と祖母のサブシステムに分裂していて、妹理恵さんはその中間にいて双方と上手にバランスをとろうと苦労しているようだった。淑子さんによれば、父親は一見物分かりが良さそうにふるまうが、自分の考えを絶対と思っていて、妻の言うことも子どもの意見も全く聞こうとしない。その父の価値観はむろん祖母によって育まれたものなのだ。敏君はそういう父が嫌なのだが、面と向かって反発はしない。全部母親に言う。父も敏君に時折文句は言うが、基本的に母を通して子どもを操作しようとしている。淑子さんは以前にも何度か父と祖母から自立しようとして反旗を翻した。今回敏君の不登校に対する考え方と関わり方の根本的な違いによって、家族の亀裂が決定的になった。やがて彼女は子どもを連れて家を出たいと思うようになり、離婚したいと夫に告げた。夫は「離婚だけは絶対にダメだ」と拒否した。それは愛情などではなく見栄や保身からくるものだと淑子さんは言う。単身赴任という事情もあり事実上の破綻は、はた目にはわからずに済んでいる。以上が淑子さんの言い分から窺える家族関係だった。彼女の夫に対する拒否の強さからは、夫婦関係の修復は困難に見えた。でも祖母、父親にも会ってみようと思った。取りあえず淑子さんには敏君の問題が、もう少し解決の方向が見えるまで家を出るのは止めたほうがいいと助言した。

こんなふうにして家庭訪問が始まったのは既に十月の半ばを過ぎていた。やがて祖母とも話ができた。父親も時間を作り、学校を訪れ夫婦面接に応じてくれた。その物腰の柔らかさは淑子さんから聞いたイメージとずいぶん違っていた。

「今の敏君にはお母さんのやり方の方がうまくいくと思います。でも彼が成長して大人になったら、お父さんの養育方針が必要になる時が来ます」

父は何とか納得してくれたように見えた。父親なりに家族への愛情はあるように感じられた。敏君のことで話し合い、協力することで夫婦関係にもしかしたら新しい何かが生まれるかもしれないと期待した。私は一日も早く敏君と会わなければならなかった。

冬休み前の五回目の訪問の際、私が退去する時間の十分前に敏君が二階から降りてきた。スリムで整った顔立ちの利発そうな子だった。彼の緊張がこちらにも伝わり、私まで硬くなってしまったが十分ほど話ができた。口数は少なかったが拒否感はなく二週間後にまた会ってくれることになった。その日はゲームの話が殆どだったが母親が上手にきっかけを作り進路の話も出た。次に会ったとき、中学二年と三年は不登校だったが、高校では普通に登校し卒業でき、その後大学まで進み現在福祉の分野で仕事をしている青年の話をした。今からでも行ける高校はあると付け加えた。敏君は黙ったまま頷いた。

受験の方針が決まり事態が動き始めた。しかし保健室も含めて現在の中学への登校は無理だと思われた。敏君もそれはできないと言った。私たちは思い切って受験する高校の選択と合格にかけることにした。

もう一つ必要なことがあった。それは敏君の病院受診だった。彼と何度か会話する中で、確かに「自閉症スペクトラム」の可能性が高いように感じられた。

地域に不登校児が通えるスペースを併設している児童精神科の病院があった。I先生の人脈で相談に行くと母親が一度でも受診すれば柔軟に対応してくれるとの内諾を得た。詳しい経過は省くが結果的に敏君はそこで勉強を教わるという名目で受診し通院もできるようになった。

彼が受験することに決めたのは、進学から文化・スポーツ系、そして不登校気味な生徒まで幅広く意欲的に対応してくれる異色の高校だった。試験の後では「絶対落ちた」と落胆していたが、予想に反し合格をしたときは、父親も交えて家族全員が喜んだ。

「卒業式はやっぱり無理。行けそうにない」と彼が困り果てて相談したとき、その日の朝の調子で決めたらいいと助言した。卒業式は仮に行けなくてもかまわない。高校で一から頑張ればいいという考えを伝えた。結局卒業式は参加しなかった。卒業証書は後日校長室での授与となったが表情は明るかったとのこと。

ひとまずこれで終わったと思った。高校は中途でやめる確率が高い。もしかしたら最初から行けないかもしれない。それはそれで仕方がない。挑戦しないで悔やむより、挑戦して挫折したほうが子どもたちの未来にとっては意味があるからだ。

ところが、入学後一日も休まず登校できているとのハガキが、一学期の終わりに淑子さんから届いた。一年の終わりに再び手紙が届いた。友達もできて学校生活を楽しめているとの文面に母親の安堵が伝わってきた。末尾に最近ロックバンドに誘われ加わったこと。その後毎日練習しているとのエピソードも添えられていた。

私は子どもにはしばしば起きる奇跡が起きたのだと思った。こういうことがあるからこの仕事は止められないのだと思ったことを鮮明に覚えている。


心当たりの先生に聞いても敏君の死にまつわる事情を知っている人はいなかった。考えてもどうしようもないことではあった。子どもの死に出会ったのはもちろん初めてではなかった。自分たちが関われるのは子どもたちの人生のある時期だけだ。だからこそ目の前の症状の除去や問題の解決も大切だが、十年後の子どもの生きる力を育む支援こそが求められている。

二つの死

二年ほど過ぎた次の赴任先の中学の事務室でのことだ。その月の給食費を支払うため事務の先生を尋ねた。彼女は誰にでも屈託なく話しかけ、その場を明るくすることのできる女性だった。

「先生は三年ほど前、青山中学にいらっしゃいませんでしたか。佐々木さんの奥さんをご存知じゃありません？」と笑顔で意外なことを聞いた。

「はい。知っています」

「やっぱりそうなんですね。絶対先生のことだと思ったんです。淑子さんは現在ネイルサロンをやっていて私は客として時々利用しているんです。彼女は先生のことをとても感謝していました。先生がいらっしゃらなかったら、辛かった日々をしのぐことはできなかった。先生だけがあの頃の支えだった。そう何度も言っていました」

私は敏君の死のことを二年前に聞いたこと。お参りに行こうと何度か思いながら今に至っていることを打ち明けた。

「彼女はもう家を出ています。電話してあげてください。きっと喜びます。それに敏くんのこともやっと区切りを付けられたと言っていましたから」と一枚の名刺を差し出した。

どうすべきかずいぶん悩んだ。もちろんその後の敏君のことを聞いてみたくはあった。でもそっとしておいた方がいいのかも知れない。今更何のために会うのだと、もう一人の私が聞いた。子どもの自殺は決して少なくなってはいない。だから敏君の死について聞いておくことは自分の仕事のために必要なのだと言い聞かせた。

私は同じ時期に地域の民生委員を引き受けていた。その頃自殺願望のある六十代後半の男性を頻繁に家庭訪問していたことがある。彼は独特のこだわりと性癖ゆえに退職後まもなく妻子に逃げられ独居生活となったが、施設入所等の社会的支援を拒否し「このまま死なせてくれ」というばかりだった。彼が膀胱癌のステージ3であることも絶望に拍車をかけていた。二度自殺未遂をしたが、入院を拒否する彼に措置入院もできなかった。しかたなく地域包括センターの職員と私たちは交代で毎日訪問することになった。訪問する私たちには感謝してくれ「すまんなぁ、すまんなぁ」と繰り返していた。結局彼は自宅の庭で首をつっていた。身寄りのない彼の葬式を済ませた夜、民生委員の会長さんと一杯飲んだ。私はやり切れない思いをぶちまけた。自分の無力さがどうにも許せなかったのだ。現役の頃は市役所に勤めていた地域福祉のベテランの会長さんの一言が忘れられない。

「内田さん悔やむのはわかるけど仕方がないよ。大人が本気で死のうと決めたら誰も止められないから」

これには納得せざるを得なかった。その通りかも知れない。ほんの少し心も軽くなったような気がした。と同時に「子どもはちがう」との考えが反射的に浮かんだ。死のうと思った夜をやり過ごすことができれば、その子はその先ずっと生きていくことができる。いや子どもの死はしばしば再生の試みと紙一重であることが多い。

でも、死というものは抗しがたい力を持っている。死の空間が訪れると様々なものがそれを成就するために呼び寄せられ動かされてしまう。だから「わたしは死ぬかも知れない」というメッセージほど聞き逃されやすいものはない。むろん子どもに関わる支援者はそれを見逃さない経験と勘を磨かねばならないのだが。

同じ頃、地域で関わっていた十九歳の女の子の顔が浮かぶ。彼女は高校卒業後、就職のため大阪に行き一年ほどで体調を崩して帰ってきた。職場でトラブルが続き、病院を受診すると人格障害という診断名が告げられた。農業を営んでいた両親は狼狽したが、とにかく先ず治療に専念させることにした。何度か入退院を繰り返す中で線維筋痛症であることが判明した。私は民生委員というより知人の娘として関わることになった。当時その病は原因もわからず、治療法もない難病であり、有名なアナウンサーがそのために自殺したことが報じられていた。

少女は病院の待合室や病棟で次々に恋人をつくり、しばらくすると別れるということを繰り返していた。その間に何度も自殺未遂を繰り返した。それは本気の自殺企図でいずれも助かったのが不思議としか言いようがない。ドクターに助言を受けながら何度も励ましに通った。「ガラスの破片が血管の中を流れるような痛みって想像できる？　それが一生続くのよ」彼女は挑戦的にいうのが常だった。そんな時にどうやってしのいでいるのか。またさほど痛みが鋭くないときもあるのか等と尋ねたり、死ななければ道は開けると根拠の乏しい励ましを続けるしかなかった。あるいは「きつかろうなぁ」と傍らにただ座っていることもあった。

そのうち新しいパートナーができた。彼は今までの相手と違っていた。いつも穏やかに彼女を支えてくれた。彼の両親はうつ病と重い認知症を患っていて、彼は親の看護をしながら二つのコンビニを掛け持ちで働いていた。やがて自分も眠れなくなりうつ病になった。そして病院で彼女と出会ったのだ。

少女は彼の前でも自殺未遂を試みてしまう。しかしその時の彼の態度を見て彼女は生きなければ思ったという。「すぐ結婚しよう」と懇願するが、彼は優しく「元気になったらね」と答えた。その後彼女の症状は薄紙をはぐように回復していった。病院への通院も安定し服薬もコントロールできるようになった。もともと面倒見の良かった彼女は苦しむ他の患者の相談に乗ったりできるようにもなった。彼女のつらかった時の闘病体験は何人もの患者を元気にする力があったようだ。

「誰かの役に立てば自分も元気になれる」との発見もあった。筋痛症の症状も和らぎ主治医も、軽い仕事を勧めるまでに回復した。両親が営んでいたトマトのハウス栽培を彼と手伝い、ゆくゆくは後を継ぐ。そんな話が聞かれるようになった。もう大丈夫かもしれない。誰もがそう感じていた。真夜中に頻繁にかかってきていた「死にたい」との電話も途絶えてから半年が過ぎた。

ある夜珍しく彼と喧嘩になった。これからのことでの意見の相違が発端だった。一応仲直りしたが、気になった彼は何度か電話をしたがつながらなかった。

私は同じ日の深夜彼女からの着信履歴に気づいたが、久しぶりの宴会で酔っ払っていた。

「明日の朝連絡します」とショートメールを打ち、ぼんやりとした頭の中で「ああ久しぶりの電話だなぁ」と思って眠りについた。着信は一度だけだったし、その後何の返信もなかったから。

後で分かったことだが、その夜彼女は相談相手の友達や支援者六人に電話をしていた。その日に限り誰一人電話に出た人がいなかった。それぞれの事情で、本当にその夜だけは誰も電話を取れなかった。以前の危険な時期であれば、すぐに他の支援者に彼女の様子を聞いたに違いない。でもみんな安心していた。彼女は翌朝の午前四時に自分の部屋で首を吊って死んでいたのだ。携帯のなかに私たち一人一人への「おせわになりました」と未発信のメールが残されていた。

よく回復の直前が危ないと言われる。理屈ではそんなことは十分わかっている。何度失敗すれば済むのだろう。いくら後悔しても今となっては後の祭りである。確かにケースの終わりの判断ほど難しいものはない。支援機関の役割によって同じケースでも終結の時期は当然違うものだ。例えば、スクールカウンセラーの役割は卒業とともに終わる。というか終わらなければならない。だから私がコンサートの案内に行かなかったことも間違ってはいない。機関による支援はいつか終わらざるを得ないからだ。その場合どこで終結するかが極めて大切になる。優れた臨床家の条件は自分のできることと、できないことを知っていることなのだ。しかし地域という福祉の究極の現場にはゴールなどない。敏くんのことも中学校の支援は終わっても彼の人生は続いていくのだ。私たちは失敗から学ぶしかないのだ。そして次に出会う子どもたちにそれを活かすほかはない。私は佐々木淑子さんに電話をした。

独白

ファミリーレストランの片隅で佐々木さんと会ったとき、穏やかな表情の奥に澱のような悲しみを感じた。

「誰かにお話ししたいと思っていました」

挨拶もそこそこに彼女は語り始めた。

高校には入学前に中学校でのことを説明していました。担任の先生には本当によくしてもらいました。部活動は初めはテニス部に入ったんですが、時々練習を休むことが気になるみたいで「どうせさぼっていると思われている」と半年ぐらいで止めてしまいました。やっぱりだめかもしれないと思ったんですが、その後も学校はほとんど休むことなく行けていました。

病院ですか？　何度か勧めたのですが、入学後はどうしても行こうとしませんでした。

「いろんな人種がいる」と生徒や先生方を評したことがあります。確かに勉強一筋の子もいれば、スポーツや文化活動に精を出す子どもたちもいました。登校すれば何もしなくてもいいという自由もありました。今の時代には珍しく生徒の多様性を大切にしてくれる学校だったんです。ちょうどその頃にクラスの友達からロックバンドに誘われたんです。全部で五人ほどの同好会から始まりました。音楽はやったことがなかったのですが、断れなかったと言っていました。楽器ができないなら、そんならボーカルをやってみてということになりました。あの子は目立つのは好きではないのでかなり抵抗したようですが、試しに歌ってみたところ、みんなからとてもうまいと言われ、その気になったようでした。

学校は元々生徒の表現の場所などは積極的に提供する文化があり、次第に発表の場も増えていきました。バンドの評判も悪くなくファンも増えていき、あの子は楽器にも興味を持ちベースの練習なども始めました。それが一年生の終わりの二月でした。私はもう大丈夫かもしれないと思ったのです。

彼女はそう言ってそっと涙を拭いた。

もうこれ以上夫との欺瞞的な関係は続けられませんでした。夫は九月の転勤で帰ってきていて、何度話し合っても答えは同じなのです。あの人は全部自分だけは正しいと思い、うまくいかなかったことは全て私のせいにするのです。一度だって私の言うことに耳を傾けてくれたことはありません。それでいて離婚だけは拒否をし続けるのです。私は先生から暫く思いとどまって子どものことを第一に考えるよう言われ、そのようにしました。ずっと自分らしく生きたいと願い、決行の時を待っていたのです。敏が自分の居場所を学校に見出した。今しかないと思いました。その時を逃したら永遠に自立できなくなるとも思いました。そこであの子にも私の気持ちを話し、一緒に家を出ようと誘いました。

でもあの子はしばらく考えた後で「理恵をおいては行けないよ」と言ったのです。妹の理恵は離婚することそのものに反対でした。そこで籍はそのままにして、私だけ家を出ることにしました。

アパートは敏が来る時を考えての間取りの物件を借りていました。介護の仕事をしながら子どもたちとは時々連絡を取っていました。特に敏とはメールのやりとりをして必要な時は、朝から弁当を作って持参したり、家に帰ることもありました。二年生の四月からあの子たちのバンドは同好会から、軽音楽部になり、部員数も、活動の機会も広がっていきました。

私は部活の顧問や担任の先生に事情を話し、コンサートや大切なことは連絡してもらうようにしていました。夫もコンサートには時間を作ってきていました。そこに私がいることは夫婦としての体面が保てて機嫌がよかったのです。亡くなったのは二年生の十二月のクリスマスイブの前日でした。翌日は隣町でクリスマスのコンサートの予定でした。実はその少し前に家に立ち寄った際に「もうだめだ。俺はみんなが思っているようにはできない」と玄関で泣き崩れたことがありました。口数の少ない子なので理由は言いませんでしたが、バンドと部活の運営上の事のように感じました。秋にも「人数が増えすぎてまとめるのが大変。もう限界」だといって泣いたことがあったからです。人気が出てきてコンサートの回数も増え、会場も大きくなりやりがいもある反面あの子には負担でもあったのだと思います。その時は「もうだめと感じたらいつでも辞めていいよ」と声をかけました。暫くして元気になったので成長して強くなったと喜んでいました。淑子さんは再び沈黙した。そしてゆっくりと言葉を継いだ。

飲めない酒をあおり、二段ベッドの手摺りでベルトを首に巻いて死んでいました。発見したのは理恵で、父親は留守でした。後で分かったことなのですが、父親は死の少し前に、私の離婚の意志が固いことを子どもたちに告げ「母さんはもう帰ってこない」といったそうなのです。敏は「かんべんしてよ」と言いその場を離れたそうです。その時のことを持ち出して「敏を殺したのは淑子だ」と周囲に語ったそうです。

あの子の死については、もちろん私に大きな責任があると感じています。しかしあの人は全てが私のせいだと決めつけています。理恵は現在は京都の大学に在学中です。夫は私のせいでこれ以上仕事は続けられないと会社を退職しました。しかしすぐに関連会社にとてもいい待遇で迎えられています。仕事はできる人なのでそこでも重宝がられているようです。

祖母との関係も嫌でしたが、一番耐えられなかったのは、やはりあの人です。私の意見や考えに何一つ耳を傾けてくれなかったことです。自分が責められるといつも逆切れし、自分と違う価値観を認められない人でしたから。少なくとも家庭内ではそういう人でした。離婚調停を依頼した弁護士さんは「完全なハラスメント」とおっしゃっていました。

でも嬉しいこともありました。バンドや部活の仲間たちには本当に助けられました。敏の歌声に力をもらったという子が何人もいました。一周忌と三回忌にはびっくりするほど大勢の子どもたちが集まってくれて、校長先生や担任の先生も参加してくれました。付き合っていたという一年の女の子も泣いていました。先生、あの子は自分なりに懸命に生きたんだと、最近になりやっとそう思えるようになりました。

「私もお話をお聞きしてそう感じます。あまりにも短い人生で私も残念でなりません。しかし短いなりに敏君が懸命に生きたことはよくわかりました。敏君は自分らしく生き抜いたと思います。お話をお聞きできて本当にありがとうございました」

生きのびる力

帰りの車を運転しながら私は佐々木淑子さんの話をふり返った。「いろんな人種がいる」との敏君の言葉は、その高校が彼にはマッチしていたのだと思った。その多様性は彼の個性を程よく受け入れてくれたのに違いない。そして敏君も本気で自分を変えようと思っていた。ある意味で違う自分になろうと決めていたのかもしれない。それは中学や高校時代に子どもたちが試みる一か八かの戦いである。しばしばそれは命がけの試みになることがある。家族については誰も責められないように思った。淑子さんの決断を誰が責められるだろう。親が子どものために自分をごまかし犠牲にすることは、しばしば違った複雑で深刻な問題を子どもに引き起こすからだ。彼女は私の助言通り時期を待っていた。しかも正直に自分の思いを子どもたちに話し、その考えを尊重したうえで出ていったのだ。

では全てを淑子さんのせいにして、自分を顧みようとしない父親はどうなのだろう。私は淑子さんの話を聞きながら改めて気づいたことがあった。父親は社会的には有能だが家庭では祖母の言いなりで、他の人の言うことには耳を貸さない。こういう人は昔から少なくない。しかしふと去来したのは、彼がもしかしたら大人の自閉症スペクトラムの一つの類型かもしれないとの思いだった。

ある高名なドクターはそのタイプに「アスペルガーO型」と仮に命名している。そういう人は自分の掲げた目標達成のためには驚くべき集中力と持続力を発揮し、常に正論を振りかざすので、周囲の人たちは表立ってはなかなか反発できない。特にその人が政治家とか管理職とか校長先生とかになれば関係する人々は大変な苦労を強いられることになる。もしそうだとしたら彼に他者の気持ちを読めとか、言外の思いをくみ取れとかを求めるほうが土台無理だということだ。ではやっぱり淑子さんの側からすれば、離婚するか、そういう人だと諦めて従い続けるしかないことになる。

でももしかしたらそのようなフレームはどうでもいいことかも知れない。ことは単なるフレームの妥当性の問題ではないようにも思える。彼をアスペルガーと名付けようが、過ぎ去った家父長制の遺物とみなそうが、そんなことはどちらでもいいように思われる。誤解のないように言うと私は医学的診断を軽視しているのではない。

精神医学の進展により人間理解は確かに進んでいる。関わり方がわかれば解決できることも増えるに違いない。しかし私たちが自閉症スペクトラムへの理解と接し方をより深く学び、社会全体の理解のレベルが上昇し、社会資源がより豊かに整備されたとしても、夫婦の離婚も子どもの問題行動も少なくなるとは思えない。

問題は理解不可能な人と人を自然の営みや宇宙との連関の中で包み込む、生の深みとリアリティを私たちが失って久しいことが決定的要因なのではないか。

最後に敏君についてである。敏君は高校ではカウンセラーとも医療機関ともつながることはなかった。母親は何度か勧めたが彼は必要を認めなかった。敏君の性格からいってよくわかる。でも本当のところ彼は、親や友人以外の何でも相談できる誰かを時々必要とする子どもなのだ。その責任は敏君にそのことを教えられなかった私にもある。特に両親の確執や離婚は彼にとって耐え難い苦しみだったに違いない。大人の間では矛盾も停滞も絶望でさえも死ぬ理由にはならない。しかし子どもは大人とは違う存在だ。子どもは不思議なアンテナを持っているからだ。子どもは言語化できない分感じたことを行動化するしかない。

でも敏君は両親にないものねだりをしないで、自分が変わろうとした。では彼の死を防ぐ手立てはあったのだろうか。正直言ってそれが私にはよく分からない。

河合隼雄氏の『子どもの宇宙』という本の中に出てくる鎌倉時代の僧明恵上人のことが思い浮かんだ。

「今は早十三に成りぬ。既に年老いたり」と感じ自殺を試みたという逸話である。十三という年齢は現在なら十七位だとしてもおかしくない。子ども時代を懸命に生き切り、ある種の老境に達してしまい、その感性は限りなく透明になりつつあったのかもしれない。そんなときは大人たちのすることがすべて汚らしく、疎ましく感じられたとしてもおかしなことではない。彼が思春期のその危機を逃れることができていたら、明恵上人のように独創的な人生を生きていたかもしれないとも思った。


私は敏君の死の原因を究明しようなどとは思わない。そんなことは分かりようがないし、幾つものことが重なって避けようもなくそれは起きたのだ。子どもの生と死は大人の想像以上の不思議な深さと広さを有している。ではそれを踏まえた上で私たちができることはあるのだろうか。

それは、死を防ぐことよりも、何があっても這いつくばってでも生きのびる力を子どもに残すことではないだろうか。

ではそのために家族や私たちにできることは何なのだろうか。

かつて家族療法の研修でＦＩＴという「離婚を経験する親と子どもの双方を対象とする心理教育プログラム」を受講したことがあった。子どもは両親の離婚に際し、その発達段階や個性によって様々な心配をするものだ。

「自分のせいで離婚するのでは」

「私が頑張れば離婚しないですむかも知れない」

「お母さんがいなくなり、今度はお父さんもいなくなるのでは」

「お母さんが苦しむのは全てお父さんのせいだ」等々。

「イカとクジラ」という映画で家族が離婚に際し家族会議を開く場面がある。子どもたちは離婚に関して聞きたいことは何でも聞いていい。離婚は夫婦の問題であり子どもたちのせいではない。両親とも今後も親としてはずっと愛し続ける。もう一人の親に対して子どもに反発心を持たせるようなことはしないという約束をする。

ざっとこんなことを家族会議で話し合っていたのだ。両親の敵対感情を抑えて離婚することになった事実を淡々と伝える。これがどれだけ難しいことであるかはわかるだろう。映画ではその困難さが巧みに描かれていた。もちろん家族会議でも二人の子どもたちは到底納得できないままだった。両親の共同観護という形になり、父と母の家を交互に行き来することになる。もちろん現実は会議の約束どおりにはいかない。傷ついた子どもたちは次々に問題を起こし続ける。

でも映画の父と母が子どもたちを交えて家族会議を開いたこと自体は素晴らしいことのように思える。真っ二つに分裂した家族たちが喧嘩をしながらもみんな率直だったことはあの会議と無関係ではないように思う。

確かに日本ではなかなかできることではないだろう。そういう文化は今までの日本には必要なかったかも知れない。しかし大人が別れる際に、子どもの言い分にも率直に耳を傾ける。こんな文化が常識として私たちの社会で根付いていたら、敏君は思春期の死と再生のドラマを危機一髪で乗り越えられたのかもしれない。それが生きのびる力の一端となりえたかもしれないと思った。

私は再び敏君のような子どもと家族に出会うかもしれない。だから敏君の生きた軌跡を決して忘れてはならないと思う。

最後に淑子さんは長く続いていた離婚調停が決着したことを付け加えた。理恵さんはもう成人しているので、親権の問題はないとのことだった。でも娘の知らない父親の一面にふれると今でも嫌な顔をすると寂し気に笑った。

その夜、私は久しぶりに夢を見た。人っ子一人いない夕暮れの校舎に沿って歩いていた。グラウンドの中央に一人の少年が佇んでいる。敏君だった。懸命に呼びかけるが私の声は届かない。彼は無言で私を見ている。その表情は無邪気な子どものようであり、齢を重ねた老人のようでもあった。やがて彼は静かに微笑むと踵を返して立ち去った。翌朝、目覚めた後もその名状しがたい余韻だけはしばらく消えなかった。

家族再統合　発達障害に訪れた奇跡

「チームかけはし」

これから紹介する二組の子どもと家族について初めに断っておかなければならないことがある。それはその二組の家族が、私が直接出会った子どもと家族ではないということだ。

私は退職後、郷里の教育委員会に所属しスクールカウンセラーとして働く傍らもう一つの仕事を引き受けることとなった。某県の児童相談所で虐待のために分離された家族の再統合のためのチームを作る話が進んでいた。以前にも触れたが厚生労働省は家族再統合*の必要性を訴えていた。でも前線はそれどころではないという現状だった。目の前のケースをさばくのが精いっぱいだったからだ。どの県も財政事情が厳しくケースワーカーや児童心理司の増員要求は却下されるしかなかった。そのことは主管課も悩んでいた。増員が必要なのは十分わかる。しかしその要求は人事課・財政課で弾き飛ばされてしまう。その中で苦肉の策が生まれた。再統合のチームなら予算が取れるかもしれないと考えた職員がいたのである。少なくともケースワーカーと児童心理司の二人の増員が可能になるかもしれない。彼は厚生労働省の家族再統合の箇所に「家族療法等の技術を用い……」とあるのに目をとめた。

数年後にその執念が実った。その県でまず一つの児相にチームを作ることが決まった。その時に既に退職をしていた私に何故かオファーがあった。再統合チームのスーパーバイザーを引き受けてほしいとの依頼だった。うまくいけば同県の他の全ての児相にも配置していきたいとの構想とともに……。

自分の能力を超えた役割だとは分かっていたが、断れなくて引き受ける羽目になった。一番の理由は分離した家族を再統合するという、いわば家族支援の画竜点睛ともいうべき分野に少しでも関わって見たかったから、としか言いようがない。

正直その事業のスタッフの一員になれることはありがたいと思った。私の役目は一月に一～二度児相に出向きケースの進行と管理全般にわたるスーパーバイズを行うことであった。そこで私は五年ほど「家族の絆再統合事業」に関わることになった。モデル事業がうまく行き他の児相に展開するようになった時には、スーパーバイザーが不足し二つの児相を掛け持ちしたこともあった。その五年間は私にとって貴重な経験となった。私の助言はさほどチームの役に立ったとは思えないが、私が学ぶことは実にたくさんあった。

チームには有能なケースワーカーと児童心理司の二人に加え、心理職であるがケースワーク

＊家族再統合：虐待のために親子分離を行い、里親や施設に預けた子どもと家族を、親子関係の調整を行い、再び一つの家族にすること。

もできる若手の係長が就いた。心理判定課長が全体の運営を取り仕切っていたが、時折は所長も会議に参加することもあった。「チームかけはし」が彼女等につけられた名称だった。

当然スムースに家庭に帰せるケースは再統合チームには上がってこない。それは通常の担当者の仕事だからだ。虐待の連鎖に苦しむ親、精神疾患の母親、酒乱の父、発達障害の子どもたち等々。通常の親子関係の修復や調整では困難な家族なのだが、引き取りの希望が強いか、親の自覚は希薄でも子どもが帰りたがっているケース等が各担当者から選抜されてきていた。その中から二十ケースを最初に選びスタートすることになった。今まで行き詰っていたケースなので、それまでと同じことをやっても何も変わらない。自ずと今までの伝統的なケースワークに加え、家族療法や最新のスキルやプログラムが切迫した課題の解決のために試みられることになった。「やらずに悩むのではなくやってから考える」が合言葉だった。その結果として施設の子どもの引き取りだけでなく、在宅の困難ケースも「チームかけはし」の助言を仰ぐことが増えていった。同時に引き取り後の通所指導や家庭訪問を通して家庭復帰後の子どもたちの苦労と成長の姿を知る機会にもなった。

西田さんの家族も「チームかけはし」を通して間接的に関わり続けたものだ。これからの家族支援の可能性を示すものとして紹介したい。ただ冒頭にお断りしたように私は西田さんの両親や卓くんと会ったことはないし、面接に同席したこともない。だからディテールは全て私の想像によるものであることも付言しておく。

母の独白

この子はどこかおかしい。もうすぐ四歳にもなるのに遊んだオモチャの片づけ一つできない。絵本を読み聞かせても全く耳を貸そうとはしない。それどころか何一つ私の言うことを聞かない。

私は結婚前には保育士をしていた。たくさんの子どもたちを見てきたから、数多くの子どもたちを知っている。私のやり方は発達理論に乗っ取っているのに卓に限ってはうまく行かない。卓が生まれたときはどんなにうれしかったことだろう。

でも人生の一年目からあの子はずいぶん変わっていた。泣いてばかりいて毎晩眠れなかった。誰が抱いても泣き止まずに周りの大人を困らせたものだ。視線も合わないし、可愛がっても知らんふり。おそらく親の愛情というものを受け入れられないのだと思う。抱っこを嫌がったし午睡もしなかった。突然奇声を発したり、外に走り出したり、とにかく一刻も目が離せない。毎晩寝るのは十一時過ぎだ。主人が仕事から帰るのは午後十時を過ぎていて、彼は私の苦労が全く分からない。それにどういうわけか主人といるときは卓が心なしかおとなしいように思える。幼稚園でもそんなに大変な子じゃないって言われる。あの子は人と場所によって態度を変えるらしい。

だから主人には相談できない。彼は卓を目に入れてもいたくないほど可愛がっているし、私を子育てのプロだとまかせているから。このことを知ったら夫婦の関係そのものが危なくなるに違いない。

町の保健師の誘いでT大の臨床心理センターで卓を診てもらった。「広汎性発達障害」の可能性が高いと言われたときはショックだったけど少しホッとした。二週間に一度センターに通うのを卓は気に入ってくれた。でもそれ以外では何も変わらない。私といる時はむしろ段々酷くなっている気がする。先生は「いいところや、できているところを見つけて誉めてくださいい」と言うけど褒めるところなんかどこにもない。そして褒めても叱っても何も変わらない。第一私の言うことなんか何一つ聞いていないのだから。

「何べん言ったら分かるの！」

卓がへらへらと笑い始める。

「なんだその態度は。てめぇふざけるな」

今度は妙に挑戦的に下から睨みつける。

「お前なんか死んでしまえ」

我に返ると卓が壁際に吹っ飛んでいた。火が付いたように泣いている。私の足が二度三度と卓の腹を蹴っている。泣き叫ぶ卓をみて殺意のような感情が湧く。やっとの思いで受話器をとり電話する。

「あら西田さん。どうしたの」仲田さんの声を聴いただけで少し落ち着く。仲田さんは主任児童委員をしていて、私が困ったときに相談できる人なのだ。

「腹にけりを入れてしまって」といまの経緯を話す。

「まあ、おなかを何回も蹴ったの。でも電話をしてくれてよかったわ。西田さんとても頑張っているけど、こんなことが繰り返されると卓君が怪我をしたら大変なことになる、児童相談所に相談してみない？　センターはそんなに度々はいけないし。児相なら専門のスタッフもいるし、上手な子育てのためのいろんなプログラム*があると思うから」

プログラムという言葉が一筋の希望のように私に届いた。そうだあの子には適切なプログラムが必要なのだ。

「明日にも相談してみるけど、今夜は大丈夫かな」と仲田さんが心配してくれる。

「もう主人が帰る時間ですから大丈夫です」

卓もやっと泣き止んだようだ。またやってしまった。一体なんど繰り返したらすむのだろう。あんなに待ち望んでいた子どもなのに。私は母親失格なのかも知れない。卓ほんとうにごめんなさい。

＊プログラム：親子に行う様々な心理教育のためのトレーニング。

今夜は殺すかも

西田登紀子さんが四歳の卓君を伴って児童相談所の地区の担当ケースワーカーを訪れたのは数日後のことだった。幸いT大のN先生は児童相談所の嘱託医でもあり、病院からも情報を頂き支援することになった。

N先生によると卓くんにはADHDの診断名もついていた。ADHDとは多動、衝動性、集中力の欠如を主な症状とする発達障害の一つである。

初めは地域の担当で通所指導を行う予定であったが二つの理由で「チームかけはし」のケースとなった。一つは西田さんが自分と子どもに何かプログラムをしてほしいとこだわったからである。もう一つはかなり虐待が頻繁でリスクが高い重篤なケースとみなされたからである。

「今からボコボコにする」「今夜は殺すかもしれない」

「洗濯籠を投げつけた。お腹を蹴った」

こんな電話が町の保健師さんや主任児童員に頻繁にかかってきていた。町では家庭訪問や母親学級への誘い、療育事業の紹介等できる限りのことをしていた。主任児童員さんも電話があるとすぐ駆けつけてくれた。すると西田さんはしばらくは落ち着いた。そんな恵まれた支援のおかげでこれまで在宅で何とかやってこられていた。

「もう限界かも知れませんね」と寺田ケースワーカーは言った。

「西田さんはマニュアルがないと不安なのよね」と児童心理司の玉井さん。

「まずニーズに応えましょう。お母さんにはペアレント・トレーニング*を実施します。但しこれ以上虐待行為がエスカレートしたら一時保護をするという前提での支援になります」と家入係長が方針を決めた。三人の女性たちも、むろん私もそれが西田家の長い支援の始まりだということにはまだ気づかなかった。

「お母さんが叩くのはどんなパターンなのかな」と私は聞いたことがある。

「卓君は四月から幼稚園に通っていますが、四歳になるのに片づけができない、座って食事ができない、絵本に興味を示さない等、母の要求の水準が卓君には高すぎるようです。それを無理に押し付けようとして、できないので暴言、最後には叩くというパターンが一番多いと思います。もちろん卓君の多動や落ちつきのなさも子育てを難しくしています。お母さんにも子育てを育児書通りに進めなければという強迫的な思い込みとこだわりが強く、二人はある意味似た者同士かも知れません」

＊ペアレント・トレーニング：子どもとのより良いかかわり方を学びながら、日常の子育ての困りごとを解消し、子育てができるよう支援する、保護者向けのプログラムである。元々、知的障害や自閉症などの子どもをもつご家族を対象に、一九六〇年台にアメリカで開発されたが、現在は「叩かない子育て」などに幅広く活用されている。数多くの種類がある。

「それでペアレント・トレーニングを母に行うわけですね。それはいいと思います。もしそれだけではうまく行かないときは、父親の参加が必要になるかもしれない。家族システムとして考えれば夫婦連合が構築できれば母はより安定すると思われます」と助言はしたが、当面ペアレント・トレーニングから始めることにした。時期を見て卓君にもセカンドステップを実施していこうということも決まった。

ペアレント・トレーニング（普及版ＣＳＰ）とは資格を持ったトレーナーが行動理論に基づき「言って聞かせて、誉める」という具体的なしつけ方法を保護者に分かりやすく示し練習してもらうものである。計七回のセッションからなりＤＶＤによるモデリング*（観察学習）、保護者とトレーナーによるロールプレイ*（役割演技）等からなっている。モデリングもロールプレイも沢山の具体例が用意されていて、実際の生活場面で応用や練習しやすい工夫が凝らされている。

またセカンドステップとは一九八〇年代にアメリカで生まれた「子どもを暴力や虐待の被害者にも、加害者にもしないこと」を目的とした児童向けの教育プログラムである。暴力防止を目的にはしているが、頭ごなしの指示ではなく、円滑な対人関係を体験的に身に着けることを主眼にしている。全体は「相互の理解」「問題の解決」「怒りの扱い」の三章で構成され、全二十数回のレッスンがある。このレッスンを行うものも規定の研修を受講しなければならない。「チームかけはし」は全員がその資格を持っていて様々な親子にその二つのプログラムを提供する機会が増えていた。支援が必要な家族は、親子ともに最初の人間関係が暴力的なものであった場合が多く、言葉による指導や抑止では変われない場合が殆どだった。

これらのプログラムを、信頼関係を基礎に丁寧に行うことで成長できた家族は少なくなかった。確かに好きで虐待する親もいないし、好んで親を挑発する子どももいないのだから。

ところが西田家の場合はなかなかうまく行かなかった。母親の登紀子さんは、一つ一つの親のセリフをメモし毎回意欲的に取り組むのだが、卓君との現実のやり取りはトレーニング通りには行かなかった。頭はいいのだが、その場に応じた応用が苦手なのだった。卓君は声が大きく体格も年齢に比してがっちりしていた。幼稚園で比較的おとなしい分、家に帰るとその反動のように我がままになった。当然登紀子さんの細かい指示には従わない。母と卓君との衝突は一向に減る気配がなかった。時にはペアレント・トレーニングを学んだ夜に「殺してしまう」との電話が児童相談所に掛ったこともあった。そこでN先生はコンサータという薬の服薬を勧めた。当時七〇パーセントの子どもに集中力や落ち着きに効果が見られ、ドクターが適切に管理すれば予後は悪くないとの報告が見られていたからだ。ところが両親とも抵抗があり特に父親の反対が強く方針は頓挫した。父親にも病院に同行をお願いしたが、実現せずそのままに

---

*モデリング：上手な親の関わりをモデルにして学ぶこと。

*ロールプレイ：現実に起こる場面を想定し、それぞれの役割を演じることにより疑似体験を通して学ぶこと。

なった。

やがてペアレント・トレーニングはワンクールを終了してしまったが、登紀子さんは何かをしていないとより不安定になりそうだった。そこで自分のものにするためにという理由をつけペアトレを最初からもう一度やることを提案した。登紀子さんはそういう提案には全く抵抗がなかった。できれば卓君を叩くことは止めたいと思っていたからだ。愛情もあるのだが、二人きりになるとお互いにエスカレートしてしまう。いざという時の電話の相談先も今までの機関に加え、児相と電話相談の職員も加わった。それこそ関係機関の総力を挙げて、一時保護寸前の綱渡りのような支援が続いていた。

強みを探して

母のペアトレを続けながら家族の強みを探そうとした。

父親に会わせてほしいと提案すると母はなぜか抵抗した。会ってみると温厚で優しい父親だった。そして案の定母の困りごとのほとんどを父は知らなかった。母子関係の深刻さも当然知らないのだった。

登紀子さんは自分の子育てがうまく行かないことを父親の典夫さんに知られたくないらしかった。

典夫さんに言葉を慎重に選びながら状況について一つ一つ説明を試みた。登紀子さんと卓くんが二人きりの時にどんなに危険なのかを電話のエピソードを交えて話した。登紀子さんからのイメージでは典夫さんは理論的で理解が乏しい人のはずだった。ところが実際は「叩いたの？」と大変驚いたが「どうして言ってくれなかったの」と優しい言葉をかけてくれる人なのだった。典夫さんは登紀子さんを責めることが全くない人だった。母が感情的になり騒いでも冷静に聞いてくれた。後で分かったことだが、典夫さんが「こういうことはどうなのかな」と登紀子さんに提案などをすると、かってに反対されたと受け取っていたところがあった。

典夫さんと話して大切なことが判明した。それは誰かが傍にいれば、二人はエスカレートしないという事実だった。

まず隣県に住む父方の祖母に二週間ほど応援に来てもらったところ登紀子さんは落ち着いて過ごせた。次に母方の祖母にも来てもらった。母方の祖母は気性が荒く幼少の登紀子さんは結構叩かれたらしい。当然登紀子さんとの関係はよくなかった。一方父方の祖母は明るく穏やかな性格だった。暫くは交互にお願いをしたが、登紀子さんの希望もあり次第に父方の祖母に来ていただくことが増えていった。月曜から金曜まで祖母に泊まってもらう。土日は典夫さんがいるから大丈夫だった。登紀子さんの心苦しさも分かったが、一時保護するしかない状況だったので、受け入れてもらうしかなかった。やがて祖母の応援を次第に減らしていくという方針だった。そのためには夫婦連合を強固にし、卓君が五～六歳になったらセカンドステップも併用する。

祖母のおかげでその後西田家は比較的落ち着いた状況が続いた。典夫さんも以前に比べ休日は卓君と遊ぶ時間を増やすなどの努力をしてくれた。

卓君はまもなく小学生になろうとしていた。療育センターや学校とも協議を重ねたが、最初はご両親の希望通り小学校は普通クラスでスタートすることになった。その頃からセカンドステップを始めることにした。お母さんとのやり取りだけでなく、学校の友達との接し方に役立てばとの思いがあった。そこで卓君に加えて登紀子さんも参加してもらい、それに寺田ワーカーも一緒に加わることにした。登紀子さんにも寺田さんをモデルにして、学習してほしいとの秘かな狙いもあった。一回三〇分にしてプログラムの終了後、登紀子さんの困りごとを毎回聞くことにした。卓君も母親との時間は嫌がらなかったのでセカンドステップは順調に進んでいた。そして少しずつ祖母のいない日を増やし始めていた。このようにして登紀子さんからの電話はずいぶん少なくなっていた。

家族応援会議

一年生の終わりごろから別の問題が勃発した。卓君が友達に暴力を振るう事件が起こったのだ。登紀子さんは突然学校に呼ばれることになった。その時担任の先生から卓君が五千円以上のお金を持っていたこと。それを問いただしたところ母親の財布から持ち出していたことが判明したのだ。

登紀子さんは驚きのあまり半狂乱になった。当然親子喧嘩が一段と激しい形で再燃した。近所からの通告も、登紀子さんからのSOSの電話も以前にもまして増えてきた。とりあえず祖母の応援をお願いしたが、今までのやり方だけではうまく行かないのは明らかだった。卓君は成長した分パワーアップしていて、母親とのバトルが激しくなると、学校でも授業中の飛び出しや友達との喧嘩も増えていた。学校から家庭に連絡があると登紀子さんはヒステリックに「施設に預けるぞ」と脅迫したり叩いたりするしかなかった。それはADHDの子どもだけでなくどの子にも最悪のやり方だったから、卓君は一層反抗の度合いを強め、典夫さんにさえ反抗するようになった。

「やっぱりお母さんにも特性があるので、在宅では無理なのかなぁ」と田島課長が嘆いた。三月のスーパーバイズの時に「家族応援会議」をしてみようとの結論になった。誰が言い出したのかは今ふり返ってもはっきりしないのだが、私は現在の支援プログラムに家族療法的アプローチが加わればベストだと考えていたので、一も二もなく賛成した。しかしその時は本当に後がない状態で、みんながこれで事態が変わらなければ職権による一時保護、そして施設措置しかないと感じていた。

家族応援会議とは支援者中心のケース会議ではなく、当事者である家族を中心にして、各機関の担当者が一堂に会し長期的な方針を確認し、次の一手を探るものである。家族や子どものリスクだけではなく強みを併せて評価することで、家族の持つ潜在的な力量や主体性を引き出すことができる。但し「これ以上は絶対に譲れない」とのボトムラインの設定が不可欠で支援機関の力量、特に司会進行役の技量が試されるが、「チームかけはし」では他のケースで既に経験を積んでいた。司会者と全ての支援機関は最高にフレンドリーな雰囲気のなかで、時に言いにくいことをはっきり指摘しながら、次の会議までの具体的な目標を設定した上で、その結果を家族にもわかる文章にして参加者全員に配布して終了する。私はこれこそ虐待ケースにおける家族療法の適用モデルの一つだと感じていた。ふつうは家庭引き取りの安全プランを作るために行うのだが、今回は虐待の防止と親子の関係改善が目的なのだった。

「面接室のホワイトボードの上に『西田家家族応援会議』と張り紙をしていたんです。母親が入るなり『うわー私たちのための応援の会議なの』と嬉しそうに声をあげたんです」との家入係長の報告に第一回目がうまく行ったことが分かった。それは二年生になったばかりの四月に開催され、ご両親と町と主任児童委員と「チームかけはし」の二人と、西田さんの地区の担当者の七名が参加した。その後二か月から三か月に一度開催されて行くことになる。むろんその会議の間は、家庭訪問や卓君の二回目のセカンドステップ等も併行して続けられていた。ちなみに登紀子さんにも卓君にも二回目の方が効果があったと感じられたようだ。

解決志向のアセスメント（評価）の一つにスケーリングクエスチョンというものがある。それは現在では実に多くの支援現場で使われるものだが、〇点から一〇点までで様々な状況を数値化して聞く質問である。例えば西田家の場合は、卓君を一時保護しなければならないほど危険だと感じたら〇点。もう何の問題もなく支援の必要もない状態を一〇点とする。それぞれが〇から一〇点の間で、現状では自分は何点だと思うかを、その理由とともに述べるのである。会議の途中で司会者が全員に数字を聞く場面がある。これは経験的に子どもの安全のスケールだけではなく、その人の自己評価を無意識に表すことが多いと私は感じている。

ちなみに最初の応援会議での母親の点数は六・五点、父親は五点だった。意外に高得点なのは厳しい現実の理解が乏しいことを意味していた。支援機関の点数は対照的に低くなった。

二回目の家族応援会議は六月に開かれた。夫婦ともに工夫や努力をしていることが分かった。例えば登紀子さんは卓君への接し方を典夫さんに相談していた。また、友人に頼んで卓君を諭してもらったという登紀子さんの工夫も明らかになった。今一つの大きな進歩としてコンサータの服用が決まったことがあった。最初の会議での提案を受けて嫌がっていた典夫さんがN先生に会いその説明で納得したのだ。スケールは母親は四点に下がり、父親は六点に上がっていた。逆に各支援者の家族へのスケーリングは高くなっていた。私は登紀子さんが現実をよりリアルに捉え始めているように感じた。次回までの両親の課題としては①卓君の話をしっかり聞く②よいところを誉める③誉める回数を増やす等が確認されている。

その後も平坦な道のりだけではなかった。九月に些細なことで激烈な喧嘩になり、登紀子さんが卓君に刃物を向けたことがあった。さすがにその時は一時保護を決定して家庭訪問をしたが、卓君が頑なに拒否をしその場から逃げ出した。登紀子さんが追いかけ公園で卓君を叩き、母子ともに交番で保護をされる一幕もあった。祖母の同居を条件に在宅での援助を継続することにしたが、この時は児相の方針に地域や他機関から非難が寄せられた。

コンサータの服用が十月に始まった。四回目の会議では宿題がもとでの親子げんかについて話し合い、教頭先生が「お母さんは宿題をするように言わなくてもいいです」と明言し、登紀子さんをほっとさせた。

私が感心したのは薬の服用が始まった時期に併せて「チームかけはし」が「セカンドステップを自宅でおさらいする」という提案をしたことだ。三度目のプログラムの効果を卓君は「頭の中に線がたくさんあったのが消えていった」と表現している。母親から怒られることが「三分の一に減った」とも言った。

更に十一月から登紀子さんがパートで託児所勤務を始めたことが劇的な変化を引き起こした。その間卓君は学童保育に行くことになった。卓君の宿題や勉強のことで登紀子さんがかっとなることが多かったので、宿題は学童保育で済ませ、その丸付けは典夫さんがすること等が自然に決まっていった。そして登紀子さんはたくさんの子どもと関わりながら、自分の子育てのことを相談できる人が身近にできたのである。

「しなくてもいい」と言われた宿題を卓君が「しないとかっこ悪い」と言い出した。お父さんがわからない箇所を見てあげるようになり勉強が以前より理解できるようになっていた。私はその頃の報告を聞きながら、あの、ケースがうまく進み始めるときの不思議な流れが始まったと感じた。五回目の会議で初めて母親のスケールが六点に上がった。支援者の中で一番厳しい点数だった町の保健師さんが七点をつけた。登紀子さんはそれまで人間関係がうまく行かず、仕事が続かなかったのだが、今度の職場はいい人ばかりで働くことが楽しいと喜んでいた。

その頃の事だったが、家入係長が次のようなエピソードを話してくれたことがある。

エレベーターから降りてきた登紀子さんを別人かと間違えそうになったことがあった。白いシヤツに柔らかな色の柄物のスカーフをしていた。穏やかな笑顔に首元のスカーフが華やかさを添えていた。そのときこの人は本当に変わったのだと実感したという。

会議開催の間隔は次第にまばらになっていったが、登紀子さんの希望でつづけられた。翌々年の三月の八回目の応援会議の時には卓君は四年生が終わろうとしていた。その時は本人の希望で卓君も会議に参加している。感想を聞かれ「ぼくも悪いところもあったんだけど」と笑顔でふり返る一幕もあった。図工の県展に入賞したことが誇らしげに伝えられ、みんなの祝福を受けた。

それから二年後のことである。一番数多く電話を受けていた主任児童委員の仲田が家入係長に語ったそうだ。

「先日本当に久しぶりに登紀子さんから電話がありました。夜の十九時になっても帰らないので心配になったそうです。日ごろの様子を聞くとあの頃が嘘みたいに感じるほど平和ですとのことでした」

最後に、自分が間接的にしか知らないケースを不確かな部分は想像力で補いながらでも書こうと思った理由について述べたい。それはこの事例が、私の時代のケースワークの技術では、どんなに頑張っても時間を費やしても不可能な成功体験であるからに他ならない。だからといってそれは偶然でもなければ奇跡でもない。私はそこにソーシャルワーク技術の確かな進歩を感じた。幾つもの支援機関の粘り強いネットワークと新しいプログラムと家族療法的な支援が子どもと家族を中心にして有機的に調和したときにそれは起きたのである。いや例えそれが奇跡に近い偶然であってもいい。私たちが経験上変わることができないと諦めてきた子どもや家族であっても、十分な時間と深い関係から生まれる知恵があれば変わりうるのだから。

ケンタの場合

同じ理由から、もう一つの事例についても簡単に報告してみたい。それは再統合事業が眼に見える成果をもたらし、他の児童相談所に人員の配置が拡大された年の事だ。即ち私にとっては二つ目の児童相談所で出会った子どもである。

中学二年生のケンタは児童自立支援施設に入所していた。児童自立支援施設とは反社会的な問題行動を繰り返してしまう子どもたちの矯正と自立を支援する児童福祉施設である。

彼には特定不能の広汎性発達障害という診断が付されていた。

広汎性発達障害とは一般的にはコミュニケーションと想像力と社会性の障害を特徴とする。ここでかいつまんでその概略を述べてみたい。コミュニケーションの障害とは言葉をその字義どおりにしか捉えられず、その場の文脈や雰囲気を感じ取るのが苦手というハンディである。社会性の障害とは相手の立場に身を置いて考えることが不得手ということだ。想像力の障害とは何かを別のものに見立てることの苦手さをいう。たとえば砂遊びの中で砂をご飯に見立てることができない。砂は砂なのである。それらの根底には対象や他者との適切な距離感を保てないという、脳機能の特性があるとされる。

それはしばしば物事を行う順序へのこだわりや、ある対象への興味の固着といった特異な行動として現れる。多くの場合それはその子が世界に対して感じている不安への対処行動である。以上のような説明がなされることが多いが、それだけでは自閉症の何ものをも説明できていないように思える。

医者でも専門家でもない一介の臨床家の抱く印象として聞いてほしい。本来それは障害というよりは物事の受け取り方や表現の仕方の特性であり文化なのではないかということだ。発達障害といっても類型化が困難なほど多彩な状態像にすぎない。家庭環境やその時の人間関係により障害は先鋭化することもあれば逆に沈静化することもある。社会で活躍している人も大勢いることは付言しておきたい。発達障害というフレームによって私たちの人間理解がより深く豊かになったことは間違いない。しかし人生という物語の中で、それらは無限の光と影を帯びる謎に変わることを忘れてはならない。

ケンタの問題行動とは強制わいせつ罪であった。

道を尋ねるふりをして女性の後をついていき触るという行為で、事件になっただけでも三件あった。余罪はもっとあったかもしれない。

ケンタは生後まもなく乳児院に預けられ、九か月の頃里親に委託されている。小学一年時に盗みの疑いやいじめなどの問題が起きる。注意されるとパニックを起こし里母との関係もうまくいかなかった。里母は怒りにまかせて、ケンタが養子であることを面前で口走ったりした。四年生のころには「生まれなければよかった」との作文の記録が残っている。中学一年時には家庭内暴力が頻発、そのころ成人女性へのわいせつ行為で家庭裁判所に送致されている。審判により児童相談所送致となり、通所による指導を継続していたところ、小学生女児にたいするわいせつ行為が発覚、再び家庭裁判所送致をへて児童自立支援施設への入所となった。単なる施設入所のみでは問題の改善はありえない。養父母との関係の修復に加えて「性非行の矯正」が私たち「チームかけはし」に託された目標なのだった。これは通常のケースワークではおよそ不可能な事案だった。健常者でも性的変質者の回復は困難であるのに加えてケンタには発達上の特性という二重のハンディがあったからである。ただ私たちは「回復への道のり」（ティモシー・カーン）というプログラムの存在を知っていた。

先に紹介した家入係長が「かけはし」の他の事例で児童心理司として数人の子どもたちに実施して著しい効果をあげていたのだ。

「プログラムをやれば自動的に性的な問題が改善されるわけではないんです。要はそれを通してどれだけ性的な感情を言語化できたかどうかなのです」との彼女の言葉には深く納得したものだ。

二つの児相のチームは頻繁に情報交換をしていた。そこでケンタにも「回復への道のり」を試してみることになった。沢口と川原という女性のチームが二週間に一度児童相談所から施設に出向き、計三十回一年半に渡りプログラムを実施した。

その過程での興味深いエピソードをかいつまんで紹介したい。児童心理司の川原は最初のケンタの印象を「尊大」な感じと表現している。今思えば不安の裏返しとしての虚勢だったのだろうが、当時は上から目線の感じ悪さだけが際立っていた。緊張をほぐすための雑談で「体育祭はどうだった?」と聞くと「どうって……何がですか」というような会話の繰り返しだった。

やはりコミュニケーションそのものが成立しにくい子どもだった。しかし回を重ねるごとに少しずつ川原に対して興味と信頼感を抱くようになった。物事の感じ方や捉え方に、普通と呼ばれる多数派と、それとは違った受け取り方をする少数派がいる。世の中は多数派のルールで作られているので、多数派の考え方を理解する努力をした方がいい、という助言をしたころから、プログラムに向き合う態度が変わったようだ。プログラムの中に「自分の気持ちを話そう」というセッションがあった。驚いたことにケンタは「怒った気持ちになるのはどんな時か」と聞かれ「熱い」とか「眩しいとき」と答えた。彼は知的障害ではないのだ。それは語彙の貧困というレベルではない。もともと怒りという感情は氷山の一角であり水面下には様々な感情が渦を巻いている。ケンタは怒りのごく表層部分においても適切な言語化ができていなかったのである。悲しみも恐怖も不安も喜びも楽しみも快楽も性的衝動も未分化なままで彼を支配していた。

言葉がもたらすもの

プログラムはセラピスト（治療士）と共同で自分の混沌とした感情に名前を与え分類することを学ぶロードマップなのだった。セラピストに例示された感情を自分のうちに見いだし言葉にできた時から、それをコントロールすることも可能になっていく。その後「よいタッチとわるいタッチ」「正しい考えと間違った考え」「あのときみたいな気分になったらどうしよう」とすすんで行く。それは決して平坦な道のりではなく、ケンタは寮生ともトラブルが絶えず、無断外泊などのルール破りもくり返し、何度か謹慎処分も受けた。しかしプログラムだけはさぼることはなかった。ケンタはその過程で、自分と他者の感じ方の違いに気づき、イライラや負の感情の多くもそこから来ることを理解した。

沢口は面接で生まれた変化を寮や学校での生活に活かす助言を丁寧に続けた。施設の職員とも粘り強く話し合った。また諦めかけていた里親さんにも長い目でケンタの成長を見守るよう励ましていた。

「川原先生はどう感じるのですか」とケンタはしきりに聞き返すようになった。その頃からつらい過去をふり返ることもできるようになっていった。そして十八回から十九回目の面接場面で地滑り的変化が生まれた。川原は「長い謹慎の後の『四つの間違った曲がり角』の章のどこかでそれは起こったんです。あのヘレン・ケラーのウオーターのような瞬間が」と語る。

後日ケンタと川原の面白いやりとりがある。

「座右の銘は?」と聞かれケンタは「七転八倒」と答えた。「それって七転び八起きじゃないの」と言われ、「八回目に起きてまた倒れるのがぼくの人生です」と締めくくり大笑いになったとのことだ。

私は川原からそういうやりとりを聞き、ケンタはこれから人生の紆余曲折はくり返しても、性犯罪はくり返さないのでは、という確信に似た予感を抱いたものである。ケンタの言葉は感情の実質を伴い、川原との間で機知に富んだ会話さえ可能になっていたからだ。ちなみにケンタはその後施設を退所し、高校に進学、里親さんや先生、クラスでの様々な問題を乗り越えながら、二度と性非行をくり返すことはなかった。

高校に入学した後は、二代目の「チームかけはし」が引き続き関わり続けた。全寮制の高校だったのだが、無断で抜け出して帰ってきたり、夏休みに里親さんと喧嘩して、一時保護所で預かったこともあった。ケンタもまたこれまでの私達の経験からは、うまく行くはずのないケースだった。ところが彼は二代にわたる「チームかけはし」の担当者への信頼感を土台にして、様々な問題を乗り越えながらついに無事卒業したのである。先日川原から電話があった。ケンタが高校卒業の挨拶に、川原と沢口を尋ねてきたのだという。また二代目の担当者にも電話があったという。就職も内定した彼にはひとつだけ不満があるという。それは自分が児童相談所と施設にいたことを内緒にするよう高校の先生から言われることで、自分の人生を否定されているようでいやだというのだった。ほぼ完全な回復と言ってよかった。

それはいかにしてもたらされたのか。里親さんももちろん精一杯の努力をされた。施設職員の関わりもあった。病院からの障害告知も通院もあった。しかし基本的には彼の環境はそのままで、彼が「チームかけはし」との信頼関係を土台にして自分の力で変わったと言っていい。そしてそれは自分の未知の感情に名前を与え、分類し、クラス分けするという行為から始まったのだ。

未分化な感情は彼の内部で眠っていたわけではない。細やかな感情が対話のなかから、命名とともに新しく生まれたのだ。ヘレンケラーが「ウオーター」と叫んだのは単なる命名ではない。内的な世界がその一言によってもたらされ、世界が刷新され蘇ったのだ。

そのときの瞬間をヘレン・ケラー自身が次のように語っている。

「先生が樋口の下へ私の手をおいて、冷たい水が私の片手の上を勢いよく流れている間に、別の手ははじめはゆっくりと、次には迅速に「水（ウォーター）という語をつづられました。私は身動きもせず立ったままで、全身の注意を先生の指の運動に注いでいました。ところが、突然私は何かしら忘れていたものを思い出すような、あるいはよみがえってこようとする思想のおののきといった一種の神秘な自覚を感じました。この時はじめて私はw-a-t-e-rはいま片手の上を流れているふしぎな冷たい物の名であることを知りました。この生きた一言が私の魂をめざまし、それに光と希望と喜びを与え、私の魂を解放することになったのです。（『わたしの生涯』岩橋武夫訳）

言葉の獲得という瞬間は一種の悟りなのかも知れない。サリバン先生との困難な格闘のような日々の後に、それは不意に訪れた。ケンタにもそれに似た瞬間があったような気がする。

私は二人の毎月の報告を驚きの中で聞いていたものだ。ある大人のことを思い浮かべた。それは第五話で紹介した、娘に性的な虐待を働いていた父親である。ケンタもまた、里親さんや「チームかけはし」と出会うことが無かったら、同じような道を歩いたのかもしれないと思ったりもした。

この二つの事例を書き綴りながら、支援という行為はときに子どもと家族の運命さえ変えることがあるのだと思った。

ソーシャルワークにおけるスーパーバイズとは不思議な行為である。この二つの事例において私が果たした役割とは、その殆どは彼女たちの報告に耳を傾けその方針に「それでいいよ」との承認を与えただけである。でも困難な仕事には必ずそういう関係と、なしたことを語れる場所が必要なのだ。特に新しい試みをなすときは、信頼できる他者の眼差しがとりわけ必要となる。随分おかしなことなのだが、私は多くのケースにおいて、かつての自分の技量を遥かに上回っていた後輩たちへ助言していたことになる。それがその後の私の仕事にどれだけ役に立ったかはいうまでもない。

もちろん「チームかけはし」においても思い通りの支援ができなくて臍《ほぞ》をかんだ事例も少なくはなかった。でもうまく行った事例の中にぎっしりと詰まった新しい洞察や「例外」の知恵や、幸運を味方につける知恵などは、これから出合う困難なケースへの得難い導きの糸となったのだ。

もうしばらく子どもと家族に関わり続けようと、私が思うようになっていったのは、その五年間のおかげである。

中学生で父親に　家族へのいばらの道

大人への不信感

短パン姿で時折カウンセリングルームをのぞきこむ村本先生は、男子生徒を叱りつけるその声の大きさで最初に名前を覚えた人だ。真っ黒に日焼けした眼窩の奥の目は思いのほか優しい。見かけによらず繊細な一面があり、子どもたちにも人気があった。怒ることの上手な先生だった。カウンセリングしてほしい子どもがいるのだという。

「三年の男子ですが、とにかく学校でも一日に一度は先生方とトラブルを起こしています。向こうっ気が強く根っこに大人への不信感があるので、学校のルールを守ろうとしません。チャイムが鳴っても授業に入らない時があり、トランシーバーで連絡を受けた先生が複数で駆け付け、そこで諍《いさか》いが始まります。取っ組み合いもしょっちゅうです。体が大きく腕力も強いのでケガをした先生もいます。他校の生徒たちともしょっちゅう喧嘩をしていて、警察からも目をつけられています。中学二年の頃、暴力沙汰で児相に通告され、二度ほど通所しましたが、その後途切れたままです。仲間の子どもたちからも恐れられています。表面上は仲良くしてはいますが、その実敬遠しています。心を許せる友達はいないと思います。本当は自分を分かってくれる人を探している気がするのです」

「どんな家庭環境なのですか？」

「母一人子一人の母子家庭です。俊輔が小学二年の頃、両親は離婚しています。その後はお母さんが女手一つで育ててきました。母も中学、高校の頃はヤンキーでならした人だったらしく、愛情はあるのですが叩くのは日常茶飯事だったようです。その後父とは接触はないそうです。考え方が自由というか、人に迷惑をかけなければ何をしてもいいという考えで、家の中でタバコを吸おうが酒を飲もうが放任なのです。だから小学校時代からたまり場みたいにもなり、数々のトラブルを起こしていて、当時関わったカウンセラーからはＡＤＨＤではないかと疑われ、受診を勧められています」

「で受診できたのですか？」

「何度か学校からも勧めましたが、母親も本人も頑として受けつけません。だから最近の反抗の様子は二次障害*ではないのかと疑う職員もいます」

「そんな子がカウンセリングを受けるとは思えないですね」と正直な感想を述べた。

「私の言うことは比較的聞いてくれます。いや来ると思います。ほっておいたらこの子は将来

＊二次障害：発達障害の子どもたちが、親や周囲の大人たちの障害への無理解によって受ける二次的な障害。無力感や不信感から様々な症状が生まれる。

とんでもないことになる気がします。でも危険な面はありますが、いいところがあるんです」

最初の三十秒

どんな面接も初回でその成否が決まる。そしてその初回面接がうまく行くかどうかは最初の三十秒で決まる。特に非行化している子どもの場合の出会いの数秒は決定的要素となる。

「この大人は俺のことを分かってくれそうだ。ここに来れば何かが変わるかもしれない。今のままではやばいことになりそうだから」

こんなことを子どもが感じてくれるかどうかが初回面接のカギなのだ。

池谷俊輔が入室する前に、私は幾分緊張ぎみにいつものように「最初の三十秒」と呟いた。ドアが開き長身の生徒が入ってきた。マスクをしている。髪は幾分茶髪で少し長い。目が大きい。明らかに緊張と警戒が入り混じっている物腰だ。両耳のピアスの穴が目立つ。

「よくきたね」といい着席を勧めた。自己紹介の後で斜め前に私も座った。しばらく笑顔で「名前はシュンスケくんだよね」とか「背が高いね」とかとりとめのない会話を交わした。ここまではうまく行ったと感じた。

「村本先生はどうしてカウンセリングを受けたがいいと考えたんだろう」とわざと聞いてみた。

「俺がいつもイライラして先生たちと揉めてばかりいるからだろうと思います」敬語を使って

礼儀正しくしゃべれるのは意外だった。

「いつもイライラしてるの？　ずっと、それとも最近特にひどい？」

「喧嘩ばかりしているのは最近だけど、ほんとうはずっと前からイライラしてた」

「そうなんだ。ずっとまえ……いつごろから？」

「二年の終わりごろから。でも小学校の頃から何かあるといつも俺のせいにされ、何度も怖い思いをした。それ以来ずっと大人は嫌いだった」

「二年の終わりごろに何かあったのかい？」

「いろいろあったんです」とそれ以上は言おうとはしないので、こちらもまだ触れないことにする。

「とにかく学校に来るとイライラする。髪型とか色とかシャツとか急にやかましくなって筋が通らない」

「学校の規則が最近厳しくなったのかな」

「前は何にも言われなかったんです。しかも注意されるのは俺だけですよ。それはいつものことだけど、取り囲まれるとかっとなって」と口をつぐむ。

「暴れてしまう？」

「そう。昨日も教室に入ろうとすると四人で囲まれて腕を掴まれたんです。いきなり別室に連れて行こうとするから暴れてやったんだ」

「気持ちはわかる気がする。しかしあまりいい流れじゃないよな」と考え込む。

「一人にしてくれれば落ち着けるのに」

「あぁ、そうなんだ。じゃあ先生たちはキミのことを分かっていないんだね。確かに今の俊輔君は落ち着いているし礼儀正しいよ。ところでカッとなった後のことは覚えている?」

「それが実はほとんど覚えていない」と髪を掻き上げてはじめて笑った。

「そうか覚えていないのか。俊輔君の役に立てるかもしれないから、幾つか聞いていいかい」

こんな風に話は進んでいった。やりたいことや得意なことを聞くと、自分だけにしかやれないことをしたい。でもそれが何なのかはまだ分からないとのこと。得意なことはスポーツ。とにかく体を動かすことが好き。格闘技の選手になろうかと本気で考えたりもする。また学校は嫌いだけど高校には行こうと思っている。授業も受けようと思っているが、教室の前に先生たちが並んで「シャツを中に入れろ」とか言われると、言うことを聞いたら負けだと思い後に引けなくなる。結果的に言い合いになり学校から帰ることも多いと。自分はカッとなったら何をするか分からないからその場を離れることもあるとも言った。私はもしかしたら結構わかりやすい子どもかも知れないと思った。

「はっきり言えることは、自分がなりたいものがわかって、そのことにエネルギーを注ぐことができれば、キミのイライラはなくなるよ。でも十五歳位ではそれはまだ見つからないのが普通だよ。しばらくキミのイライラは続くな。ところでイライラしない大人はいるのかい」

「母と担任はイライラしない」との答え。

そろそろ高校に行くため、大人しくしなければいけないと考えていたとのこと。

そこで自分をコントロールする目的で、定期的にカウンセリングを受けるという約束ができた。

志望する高校に合格し、先生たちがあっと驚く結果になること。それこそが先生たちに勝つことだよ。そう言うと素直にうなずいた。少し古臭いがそういうゴールを設定した。

具体的には①シャツは事前に入れておく。②授業はギリギリでは目をつけられているので、裏をかいて少し前に入ってしまう。ひとまずそれでやってみることにした。

ピアスの穴

その結果を聞いた村本先生はとても喜んだ。学校全体の俊輔への関わり方は大きくは変わらないと思うが、わかってくれそうな先生たちには、ひざ詰めで話してみると約束してくれた。

次の面接は二週間後の十月の中頃の予定だった。エネルギーの激しい子どもの場合は一週間後ぐらいがいいのだが、スケジュール的にそれが精いっぱいだった。

翌々週の二回目は入室時にはマスクを外していた。ピアスの穴がふさがっていた。

「ずっと切れないで来たのに、とうとうやってしまった」と少し荒い息をしている。

事情を聴くと以下のような話をした。友達と先生のイザコザを見ていて頭にきて二人の間に割って入った。見てもいないのにそいつのせいにして、話を聞こうとしなかったT先生に頭にきたから。他の先生たちも加わり五〜六人でもみ合いになった。T先生のエルボーが自分に当たり（今考えるとわざとではなかったかも）思わず蹴りを入れた。そのあとは殆ど覚えていない。しかし何故か「このままではもう終わりだ」との言葉が脳裏に浮かび、とっさに「今からカウンセリング」と叫び走ってきたのだと。「誰も気づいていないかもしれないが、キミは変わりかけている。いや村本先生は気づいているし、私も分かっている。それってすごいことだよ。よくその場を切り上げてここに来たね」と誉めた。

怒られると思っていたらしくきょとんとしている。

「でも先ほどのようなことは今からも度々あるから、今度同じことが起きたらどう切り抜けるかを考えようか」と巻き込まれない具体策を話し合うことにした。

本人からの提案は「カッとなる前にその場を離れる」だった。それに加えて次のような方法を提案した。切れてしまったり、思い出せなかったりするほど怒った時は、落ち着いた後で、そのことをふり返り、思い出せるだけでいいから簡単な記録やメモをとる。それを次の面接のときに持ってくる。

「これができれば必ず効果があるけどやれるかな？」

「めんどうくさそうだけどやってみるよ」

その後で聞いてみた。

「お母さんは何て言ってるの」

「エネルギーをもてあますから馬鹿みたいなことをする。喧嘩じゃないものに力を使えといつも怒られる」

「それって当たっているんじゃないかな。スクールカウンセラーも『お母さんの考えに賛成です』と言ってたと伝えてくれる？」

「母は喧嘩を止めるならボクシングでも格闘技でもしてもいいという。もうそろそろ喧嘩は終わりにしようと思ってる」

そして面白い話をした。どうせ喧嘩は誰とやっても負けたことがないので面白くない。いっそのこと自分のコピーを作り自分と戦いたいと。そこで私は、人は誰でも本当は自分と戦って強くなる。そんなことを考えるのは、もう喧嘩をやめる時期が来ているからだと力説した。

俊輔は最後の喧嘩が終わったらもうしないという。

「誰も勝てない最強の先輩がいる。勝ち目はなくとも戦わないと前に進めない」と言う。私はすべて本当のことだとは思えなかったので、その言葉は聞き流すことにした。

順調な変化

非行化した子どもたちには目前の非行を抑止しつつ、その子の問題行動の原因ともいうべきものに働きかけねばならない。枠をはめブレーキをかけなければ警察や児童相談所、裁判所への通告につながるからだ。私たちはしばしば逸脱行動がいかに不利益をもたらすかについて、絵や漫画を使って説明する。要は脅かすのである。しかしそれだけでは不十分である。その子がそれを繰り返してしまう背景を探らねばならない。それがしばしば親子関係を始めとする家族の問題であったり生育環境であったりするのは、不登校や家庭内暴力の子どもと本質的には同じである。ただその子の個性によって、その家族システムの構造によって行動化の違いが生じるだけだ。

俊輔の母親には今のところ会う必要はないと思った。母親は自分なりのやり方で懸命に生きてきた人なのだ。社会規範からは不適切な養育とみなされるかもしれない。歪んだ愛着と言われても仕方がないのかもしれない。でもおそらくそれ以外の生き方など選べなかった人なのだ。少なくとも母を大好きと言える子どもには育てているのだ。何かが、あるいは幾つものことが起こり俊輔は大人社会に不信を抱くようになった。でも担任とは関係が保てて、カウンセリング契約も結べた。であるならば今は彼としっかり関わり、彼を育てるしか方法はないと思った。

三回目の面接が終わった後で、なんとかなりそうな感触は芽生えていた。驚いたことに彼は一週間分の「怒りのメモ」を書いて持ってきたのだ。この子は本気なのだと感じた。私たちはそれをもとに二人で話し合った。実際彼はカウンセリングの度に目に見えて落ち着いていった。喧嘩も先生との小競り合いもその回数が明らかに減っていったのだ。もちろん村本先生の働きかけで、学校の関わり方も微妙に変化してきていたせいでもあった。

喧嘩の代わりとして彼が選んだものはバスケットだった。母のつてで毎週水曜日の夜、大人のクラブチームに入れてもらい練習を始めた。母が動いてくれていることを感じた。レベルが高く強いチームでとてもいい刺激になっていた。ヤンキーをスポーツで更生させることに大人たちが喜びと意欲を感じているらしい。とても可愛がってよくしてくれているようだった。

またヘビースモーカーでひどいときには一日四箱吸っていたのが、一日三本ぐらいに減らせるようにもなった。（当時は死んでもいいとやけっぱちになっていたそうだ）来月から禁煙をするとの決意も口にした。あまりの変わりようにこちらが心配し「禁煙は何度失敗してもいいからね」とフォローするほどだった。

十一月には受験する高校も決まり、その頃は授業も受ける日が増えてきた。自宅でも自習をするようになった。

去年付き合っていた彼女がいたが、今は訳あって会えないという話をしてくれた。

その月のテストの後は少し浮かない顔をしていた。理由を聞くと、二か月ほど勉強してもあまり成績がよくならないというステージの違う悩みだった。受験予定の高校にはかなり点数が不足しているので焦っていた。しっかり励ました後で、村本先生に相談するよう助言した。家で時折イライラする。止まっていた爪噛みがまた始まったのだと。「爪噛みをするの？」と聞くと、自分では気づかなかったけど彼女から言われたのだと。

「彼女とは会えないんじゃなかったのかい」と聞いてみた。「最近また会うようになった」と答えたが、多くを語ろうとはしなかった。私の知らない何かが起こっているのを感じた。しかし生活のリズムはおおむね良好だった。自宅では筋トレと自習を続け、授業も受けることができスポーツに汗を流していた。メモの数も少しずつ減っていた。村本先生以外の目もかなり変わり始めていた。

予期せぬ出来事

十二月中旬の五回目の面接のときのことである。相談があるんだけどといつもとは違う顔でいう。

「先生おれ子どもがいるんだよ」と言われたときは、さすがに驚いた。俊輔の話は次のようなものだった。

元彼女との間に子どもができたことがあった。二年生の一学期だったが、その時は堕胎してしまった。二人で話し合ったうえでのことだったが、彼女にも子どもにもひどいことをしたと後悔した。ところがすぐまた同じことになってしまって、今度は彼女がどうしても生みたいと言い、自分も育てようと思った。でもどうしたらいいのかが分からないし、誰にも相談できなかった。俺はその頃は学校をやめて働くつもりだった。

ところがむこうのお母さんがあいつのお腹が大きいのに気付いた。「お母さんにばれた。もう会えない」とのメールが来た。やがて俺の母親にも先方の親から連絡があった。逆上した母は泣き叫びながら、木刀で何度も俺を叩き続けた。死ぬんじゃないかと思ったほどだった。

暫くして双方の親の話し合いがあった。帰ってきた母はお腹の中の赤ちゃんが死んだことと、もう二度と彼女と会ってはいけないことを言い渡した。

「どうする俊輔、約束できなければ私たち親子は遠くに引っ越さなくちゃいけない」そういわれ約束せざるを得なかった。

その後彼女からも「赤ちゃんが死んだ。もう会えない。サヨナラ」とのメールが届いた。

全く納得はできなかったけど、また自分のせいで彼女を深く傷つけることになったと自暴自棄に陥った。学校にも行かなくなり、毎日誰かに喧嘩を吹っかけたり、先生たちに絡んだりしていた。

彼女は隣の中学の生徒だったがそれっきり会えなかった。

死んでしまいたいと思ったことも何度もあった。でも彼女からこっそり連絡があり「一緒に高校に行こう。その後で気持ちが続いていたらまた会おう」との一言に救われた。

「彼女は俺と同じような境遇の子でとても心の優しい子なんだ。自分が一番傷ついているはずなのに、と思うと泣けてきた。俺ももう一度やり直そうと思ったんだ」

「この前彼女から連絡があり、話があると言うので久しぶりに会った。会ってはいけないんだけどこっそり会ったんだ。その時に、死んだと聞かされていた子どもが、実は生きていて施設に預けられていることを聞いた。

先生、俺がどんなにうれしかったか分かる？　美幸という名前の女の子で四か月になるそうだ。今すぐ母に相談して引き取ってもらおうかと考えたけど、許してくれそうにないし、先生に相談することにした。稼がないと育てられないし、とにかく二人で育てられるようになるまで預けておこうかと思うんだけど」

以上が俊輔の話のあらましだった。私は言葉を注意深く選びながら次のように語った。

「そのほうがいいと私も思うよ。もし本当に二人でそう思うのなら先ず高校に行き、卒業し仕事に就き自立することだ。今は会えないし会おうとしてはいけない。美幸ちゃんは今施設にいるのなら安心だ。専門の保育士さんたちがしっかりと育ててくれるから」

俊輔は夢にまで見ていたので嬉しいと笑ったが、その表情には新しい不安もまた宿していた。これから頑張るからいろいろ相談に乗ってほしいという。

もう一か月ほど切れていない。勉強もしている。成績も少しは上がってきた。タバコも少しリバウンドはあるが頑張っている。バスケットも続けている。そんなことを慌ただしく確認した。

「人は誰かのために生きると決めたときに変われるんだ。自分がどうすることが彼女や赤ちゃんのためになるのかを考えてごらん。それができなければ大人たちが決めたように君たちは会うべきではないと思う」

そう付け加えて終了した。

学校の秘密

「そうですか。やっぱり会っているんですね」

村本先生は考え込んだ。

それは二つの中学をまたぐ大きな事件だったが、その性質上極秘のうちに処理されていた。というより児童相談所から学校に連絡があったのは、某病院を経由してすでに赤ちゃんが乳児院に預けられた後だった。二人の生徒たちの今後を見守るために、二校の校長と教頭と児童相談所で協議が行われた。そこでは特に女子生徒のために、妊娠と出産その後の一連のことを秘密にすることが決められた。両家の母親には二人を今後決して会わせないこと、もちろん双方の学校長からはその旨を本人たちに告げ、それを注意深く見守ることになった。

「私自身も詳しい事情はほとんど知らされていません。そして俊輔自身も私は何も知らないと思っているはずです」

「その後の子どもたちのケアはどうなっているのでしょうか」

「女の子は何度か児相に通所しているはずです。今がどうなのかは分かりません。ただ俊輔に関しては何もできなかったのです。彼が二学期の始めにひどく暴れるようになった時、カウンセリングにつなぐのが精一杯でした」

　事態はとても複雑で微妙なのだった。その日は村本先生とコーディネーターの先生と三人で今後のことを話し合ったが結論は出なかった。このことを学校に相談してもいいかと尋ねたとき、俊輔は即座に拒否をした。二人がこっそり会っている。それが学校の管理職や児童相談所の知るところとなったらどうなるか。そこから何も解決策は開けないし、それは私と俊輔の信頼関係を損ない関係そのものが閉ざされることを意味していた。

　しばらくこのままで様子を見ようということになった。カウンセリング上の秘密として校長や教頭にも言わないことになった。

　コーディネーターの養護の先生には、事情は伏せたままで、児童相談所と相手校の養護教諭に彼女の最近の様子を聞いてもらうことにした。

　冬休みの直前の今年最後の面接だった。少し元気がないように感じたが、目の前の課題についてはよく頑張っていた。先生たちとは、切れそうになっても何とか切り抜けられていたし、自宅でも筋トレも学習もずっと続いていた。いろんなことがあってもやるべきことをしっかりやれているのは意志が強いねと褒めた。次に彼女とのことを聞いてみる。彼女は美幸ちゃんの面会に行っているという。

「どこの施設なの」と聞くと「それは教えられないっていうんです」と不満げな表情を見せる。「教えなかった彼女が正しい。キミが父親とは社会的に認められていないから、行っても面会はできない。でも場所を聞いたら俊輔は一人で施設まで行きかねない。だから言いたくても必死で我慢しているのだと思う」

そういうと頷いた。それからその日はいろんなことを彼に話した。

「高校の三年間はとても大切な意味を持っている。ただ待つだけの時間じゃない。高校卒業後に結婚出来たら美幸ちゃんを引き取る。俊輔が美幸の父親になるにはそれしか方法はない。いまはそれを目標に頑張ればいいと思う。しかし君が美幸ちゃんの事だけで結婚しなければならないと考えるのはどうかと思う。その責任感は男として立派なことだ。しかし子どもは失敗しながら成長するものだし、お互いが人生のパートナーに相応しいかどうかはまだ分からない。理想とする男女観もお互いに変わっていくだろうからだ。だからその時はお互いの変化を認め合ってほしい。本物の愛情は待つことができるかどうかだと思う」等々。

俊輔は真剣に聞いてくれているようだった。そして口を開いた。「先生、あいつから先生に聞いてくれと頼まれたんだけど」と。

「児相の先生は里親を勧めているらしいんだ。あいつは最初は育てられないと諦めていたので、お母さんが里親にと頼んだ。ところが美幸に会っているうち段々気持ちが変わってきて、それで俺に相談しようと思ったらしい」

私は里親には大きく分けて二種類の預かり方があることを説明した。その後で、とにかく今の自分たちの気持ちを話すこと。特に将来引き取って自分が育てたいとの気持ちを、児童相談所の担当者にはっきりと伝えることを助言した。

「先生、今度彼女と会ってくれない?」

「それはちょっと難しい。今の私の立場では俊輔のカウンセリングしかできないよ」

心苦しかったがそう言う他はなかった。

最後に他校生十数人と喧嘩になりそうなこと。いつかの先輩と俊輔の喧嘩が引き金になっていて、逃げられない。こちらも十人以上は集まり乱闘になること。それをもってそういう世界から身を引く覚悟だと語った。

私はそれが本当なら黙って見過ごすわけにはいかないと伝えた。美幸ちゃんや彼女の手前、絶対に巻き込まれないようするか、それができなければ村本先生に伝えると言い一歩も譲らないことにした。それは賭けだったが自分なりの目算はあった。

「先生、相談の秘密を漏らすわけ」

「しかたないな、おまえの一生の方が大切だから」

「これだから大人は信用できない」と目をむいた。

「だって俊輔だけだったらどうなってもいいよ。自分の責任だよ。私も知ったことじゃない。でも少なくとも今は違うでしょ。それが嫌ならN中との乱闘を止めること」


俊輔はしばらくぶつぶつと悪態をついていたが、急に、バスケットで初めて大人の中でシュートが決められて楽しかったと、話題を変えた。やがてチャイムが鳴りそのまま出ていった。

村本先生に相談したところ、確かにN中との生徒の諍いは嘘ではないとのことだった。俊輔が一枚かんでいるのも事実のようだった。N中の先生たちとも連携を取り見守りをするということになった。

不確かな船出

年が明けての最初の面接では、最近ブルーでイラつくことや、切れたりはしないがずっと不機嫌なことをこぼした。ただ喧嘩は参加しなくて済みそうだとのこと。内心ほっとする。

「何かあったの」と聞くと、彼女と一緒にいるところを母に見られたのだという。ひどく叱られたが、赤ちゃんの事や時々会っていることを打ち明けた。母はしばらく考えた後で「力になるから彼女を連れておいで」と言ったが、どうなるか気が重いとのこと。もう一つは受験勉強が佳境に入り合格できるかどうかが不安だとのことだった。そんなことが重なり毎日胃痛がひどく学校にも時々遅れてしまうとのこと。

そんな中で頑張れていることがすごい成長だと励ました。次の週は他の相談が混んでいて、昼休みに会った。「受験一色」と笑った。前回よりはコンディションがいい。方程式や因数分解が分かったときは嬉しかったと顔が綻んだ。「専願*」なので合格しないかなと期待もある。母にはまだ彼女を会わせていないとも言った。もし彼女を母に会わせるのであれば、二月初めの高校受験が終わった後がいいと助言した。

二月の始めの出勤日に俊輔が不合格だったことを聞いた。

私は今までの経験から合格は疑わなかったので正直驚いた。彼はその日から休んでいるとのことだった。

「専願で落ちることがあるのですか」と村本先生に聞いた。先生はさすがに気落ちした様子で「まれにあるんです」と答えた。

「素行ですか?」

「考えられますね。内申書は頑張って書いたのですが、独自に調べられることもあるみたいです。あいつは暴れすぎましたからね」

「今後の進路はどうなりそうですか」

「定員割れの高校の二次募集が三月から四月にあります。あとは定時制か通信制、サポート校などを考えてお母さんも交えて相談してみます」

俊輔と会ったのは卒業式の前の、私のその中学の最後の勤務日だった。

「本当によく頑張ったよ。僕が俊輔だったら同じようにはできなかったと思う」とねぎらった。

試験の落ちたショックからやっと立ち直り、数日前から登校を再開したのだと話してくれた。K高やM高かサポート校を受験する。勉強している中で美容師か建築関係の仕事をしたいと思うようになった。また昨日村本先生が、見積もりができる大工さんを養成する高校を見つけてきて、そこにも興味を持っているという。

「先生、見積りって何？」

私は大工さんが見積もりを自分でできることがいかにすごいことかを語った。

「そこに行けば社長になれる？」

「なれる！　そこで真面目に勉強して技術を身に着けて、一人前の大工さんになれたら、そして自分で見積もりが取れるのだったら、絶対になれる」

＊専願：その高校に合格すれば必ず入学する意思を明確にして受験する方法。併願受験生より合否判定で有利に取り扱われる。

「わかった。そっちの方がよさそうだな」

「とにかく縁あって合格したところであればどこでもいいよ。頑張れば必ず道は開ける」

「美幸のためにもお金を稼がないとね」

俊輔は近いうちに彼女と一緒に母に会うこと、そののち彼女の母にも会うこと。そして自分たちのことを認めてもらいたいという夢を語った。

「彼女はどうなったの?」

「T女子高に合格したよ」

「それはよかった。いいかい、くれぐれも急いではいけないよ。まず高校に合格すること、そこにまじめに登校すること。全てはそれからだよ」

「わかってるよ。相変わらず先生はしつこいね。いつか社長になり、美幸を引き取ったら必ず連絡をするからね。あ、そうそう結婚式にも呼んであげるよ」

もしかしたら私は数年後に新しい家族の誕生に出会うことになるのかもしれないと思った。それまでに予想される幾つものハードルと、その後の一層険しい道のりにしばし想いを馳せた。

その後の俊輔の人生については、少しは知っていることもあるのだが、ここで述べることではない。

あとがき

数年前、文芸の世界でお世話になっている渡辺京二さんから、「あなたが出会った子どもたちのことを連載で書いてみたら」と提案があり雑誌『道標』を紹介して頂いた。

それは考えないわけではなかった。でも出会った子どもと家族のことを書くことには抵抗があった。それはもちろん子どもたちのプライバシーの故なのだった。

渡辺さんにそのことをお話しすると、破顔一笑され「だったら事実を元にして創作すればいいじゃないか。本質は変わらないように」と言われた。そしてある高名な作家の作品を例に引いて幾つかの助言を頂いた。忘れられない子どもと家族が次々に脳裏に浮かんできた。私は書いてみようと思った。初めはうまく行った事例を選んで書くつもりだったが、そうでないものも書くべきだと感じるようになった。それらは成功事例よりも深く心の奥に残っていて、その後悔や反省から新しい支援の糸口も見つかったからだ。

第一話を書いていて、二十年前と今では子どもと家族を取り巻く環境も、ずいぶん変わったことを改めて感じた。しかし霊長類学者の河合雅雄氏は、私たちの祖先が、家族という社会単位を生み出したことにより、類人猿からヒト化への道を開いたのが五百万年ほど昔のことだと言っている。五百万年続いてきたものが、たかだか二十年でその本質が変わるはずはないのだが、一方で家族そのものが存亡の危機に瀕しているのが現代なのかもしれない。そうであれば、なおさらヒト化の起源である家族の条件について問わなければならない。私には人が家族に求めるものは表面上の形は変わっても、本質は今も昔もさほど変わってはいないように思えるのだが。そしてそれは人間の条件に深くつながるものだと感じている。

人が人を支援するということも深遠な広がりを有している。それは支援者にとっても利用者（クライエント）にとっても、自分の人生の最も大切な何かを顕わにする行為である。人間の本質は最初から定まっているものではない。どんな本質も親子や師弟や夫婦や友人などの関係の中にしか表れない。であれば支援関係という相互依存的な場所から利用者も支援者も人生を生きなおすことが可能になる。そんなことも、様々な子どもや家族や支援者から学んだ。私は自分が優れた臨床家であるなどとは思っていない。それなのに今でもこの仕事を続けているのは、子どもが好きということに加えて、その関係の中に私が私になれる一筋の道があるような気がするからだ。むろんそれは病的な依存関係とは違うものだ。でもそれはお互いの距離感をほんの少し違えただけで、たやすく病理的関係に陥ることだってある。でもおそらくそんな隘《あい》路《ろ》を注意深く進むしかないのだ。

この本が果たして誰かのための贈り物になれるだろうかとの不安と期待は尽きない。最後になるが、この本は渡辺京二さんの提案がなければ決して生まれなかった。また第一話から七話までは『道標』に掲載をさせて頂いた。連載の途中で声をかけて頂いた石風社の福元さんとの出会いが、それを決定的にした。改めてお二人には感謝申し上げたい。最後にいつも最初の読者であり、優れた一人目の校閲者であった妻にこの本を捧げたい。

二〇一七年秋　　内田良介

内田　良介　（うちだ　りょうすけ）

1947年熊本県に生まれる。

1988年から、九州圏内の県職員となり、退職まで三つの児童相談所で勤務する。相談課、児童福祉司、係長、保護課長、相談課長等を歴任し、その間相談技法として「家族療法」を取り入れる。2006年に日本家族心理学会、家族カウンセリング協会認定の「家族心理士」の資格を取得。退職後は、中学校のスクールカウンセラーとして勤務する。著書に、詩集5冊。日本現代詩人会会員

子どもたちの問題　家族の力

二〇一八年二月十五日初版第一刷発行

著　者　内　田　良　介
発行者　福　元　満　治
発行所　石　風　社
福岡市中央区渡辺通二―三―二十四
電　話　〇九二（七一四）四八三八
ＦＡＸ　〇九二（七二五）三四四〇

印刷製本　シナノパブリッシングプレス

＊表示価格は本体価格。定価は本体価格プラス税です。

ジェローム・グループマン
医者は現場でどう考えるか
美沢恵子　訳

「間違える医者」と「間違えぬ医者」の思考はどこが異なるのだろうか。臨床現場での具体例をあげながら医師の思考プロセスを探索する医療ルポルタージュ。診断エラーをいかに回避するか――患者と医者にとって喫緊の課題を、医師が追求する　【6刷】2800円

冨田江里子
フィリピンの小さな産院から

近代化の風潮と疲弊した伝統社会との板挟みの中で、多産と貧困に苦しむ途上国の人々。フィリピンの最貧困地区に助産院を開いて13年、一人の助産師の苦闘の日々を通して、人間本来の豊かさとは何かを問う奮闘記　【2刷】1800円

中村　哲
医者、用水路を拓く　アフガンの大地から世界の虚構に挑む
＊農村農業工学会著作賞受賞

養老孟司氏ほか絶讃。「百の診療所より一本の用水路を」。百年に一度といわれる大旱魃《かんばつ》と戦乱に見舞われたアフガニスタン農村の復興のため、全長二五・五キロに及ぶ灌漑用水路を建設する一日本人医師の苦闘と実践の記録　【6刷】1800円

中村　哲
アフガン・緑の大地計画　伝統に学ぶ灌漑工法と甦《よみがえ》る農業

安定灌漑は、偉大な「投資」である――戦乱の続くなか、旱魃と洪水で荒廃に瀕した農地と沙漠が十五年の歳月を経て甦る。斜め堰をはじめ、蛇籠・柳枝工の施行例を写した一五〇点に及ぶ現地写真や、堰・用水路の設計図を多数掲載　A5判上製全カラー　2300円

臼井隆一郎
アウシュヴィッツのコーヒー　コーヒーが映す総力戦の世界

「戦争が総力戦の段階に入った歴史的時点で（略）一杯のコーヒーさえ飲めれば世界などどうなっても構わぬと考えていた人間が、どのような世界に入り込んで苦しむことになるかの典型例をドイツ史が示していると思われる」（「はじめに」より）　【2刷】2500円

渡辺京二
細部にやどる夢　私と西洋文学

少年の日々、退屈極まりなかった世界文学の名作古典が、なぜ、今読めるのか。小説を読む至福と作法について明晰自在に語る評論集。〈目次〉世界文学再訪／トゥルゲーネフ今昔／『エイミー・フォスター』考／書物という宇宙他　1500円

＊読者の皆様へ　小社出版物が店頭にない場合は「地方・小出版流通センター扱」か「日販扱」とご指定の上最寄りの書店にご注文下さい。なお、お急ぎの場合は直接小社宛ご注文下されば、代金後払いにてご送本致します（送料は不要です）。